AF172886

Uwe Schröder

Editorial

Es ist im Grunde nicht möglich auf das Werk Uwe Schröders einzugehen, ohne das Thema Dauerhaftigkeit – das Überdauern nicht nur des Gebäudes selbst, sondern der Form, der Architektur schlechthin – anzusprechen. Im Grunde strebt Uwe Schröder nach einer zeitlosen Architektur. Im Dialog *Eupalinos oder der Architekt* von Paul Valéry finden wir dazu eine treffende Passage: «So zwingt uns also der Körper, das zu wünschen, was nützlich ist oder einfach bequem; die Seele fordert von uns das Schöne; der Rest der Welt aber, in seinen Gesetzen sowohl wie in seinen Zufällen, verpflichtet uns, jedes Werk auf seinen Bestand hin zu betrachten.» Bestand ist hier nicht nur im materiellen, sondern auch im Sinne der Tauglichkeit und der Schönheit gemeint.

Uwe Schröders Bauten erwachsen einer Synthese – von einer streng rationalen Struktur und einem Organismus, der den Nutzungsanforderungen folgt. Beim Haus am Cöllenhof heisst dies etwa, dass der quadratische Grundriss auf einem strengen Raster aufgebaut ist. Das klassisch anmutende Atrium jedoch, der Hof vor dem eigentlichen Hauszugang, ist nicht zentral, sondern exzentrisch angeordnet, und die Bewegungsachsen sind – der Nutzung folgend – jenseits der Zentralachse angelegt. Das Gebäude entwickelt sich gegen oben asymmetrisch, hat eine stark skulpturale Form. Plastizität und Höhenentwicklung verleihen dem Baukörper seinen eigenwillig dynamischen Charakter und machen ihn zu einem seltenen architektonischen Juwel. Zwei weitere Bauten, das Haus Hundertacht und das Haus auf der Hostert, variieren dasselbe Motiv, wohingegen die Wohnhöfe Auerberg einem klassischen städtebaulichen Muster folgen, das sich explizit horizontal ausdehnt. Die Grundrisse sind streng strukturiert und dennoch sind sie so flexibel erdacht, dass sie die moderne Wohnnutzung, wenn auch unkonventionell, mit Leichtigkeit zu adaptieren vermögen. Allen Gebäuden von Uwe Schröder liegt ein experimenteller Impetus zugrunde, der imstande ist, die jeweils zeitbedingte Nutzung in eine dauerhafte, gleichsam von der Zeit losgelöste architektonische Form zu überführen.

Luzern, im März 2016 Heinz Wirz

Editorial

It is basically impossible to investigate the work of Uwe Schröder without addressing the theme of durability – the long-lasting nature not only of the building, but also the form, the architecture itself. In principle, Uwe Schröder is working towards timeless architecture. There is a fitting passage in the dialogue *Eupalinos ou l'Architecte* by Paul Valéry: "So the body forces us to desire what is useful or simply comfortable; the soul demands the beautiful from us; but the rest of the world, both in its laws and in its coincidences, requires us to view each work in terms of what is there." The term "what is there" refers not only to the material, but also its suitability and beauty.

Uwe Schröder's buildings develop out of a synthesis – a disciplined rational structure and organism that follows user requirements. In the case of the Haus am Cöllenhof for instance, that means the quadrangular floor plan is developed on a strict grid. The classically inspired atrium however, the courtyard before the actual house entrance, is not centrally, but eccentrically aligned, while the axes of movement are – in accordance with the uses – placed beyond the central axis. The building develops upwards in an asymmetric way and has a strongly sculptural form. Plasticity and height development give the building its unusual, dynamic character and have created a rare architectural gem. Two further buildings, the Haus Hundertacht and the Haus auf der Hostert, are variations of the same motif, while the Wohnhöfe Auerberg follow a classical urban development pattern that spreads in an explicitly horizontal way. The floor plans are strictly structured and yet conceived so flexibly that they can easily be adapted to fulfil modern living requirements, albeit in an unconventional way. All buildings by Uwe Schröder are based on an experimental impetus that is able to transpose the temporary use into a lasting architectural form that is freed from the constraints of time.

Lucerne, March 2016 Heinz Wirz

**Uwe Schröder
Bonn**

Quart Verlag Luzern

Uwe Schröder

11. Band der Reihe De aedibus international / Volume 11 of the series De aedibus international

Herausgeber / Edited by: Heinz Wirz, Luzern
Konzept / Concept: Heinz Wirz; Uwe Schröder, Bonn
Projektleitung / Project management: Quart Verlag, Linus Wirz
Textbeitrag / Article by: Massimo Fagioli, Florenz
Objekttexte / Project descriptions: Rainer Schützeichel, Zürich
Vorwort / Foreword: Heinz Wirz
Textlektorat Deutsch / Text editing German: Miriam Seifert-Waibel, Hamburg;
Sophie Reinhardt, Berlin (Text / Article by Massimo Fagioli)
Textlektorat Englisch (Text Massimo Fagioli) / Text editing English (Article by
Massimo Fagioli): Benjamin Liebelt, Berlin und / and Jane Michael, München
Übersetzung Deutsch–Englisch / German–English translation: Benjamin Liebelt, Berlin
Übersetzung Italienisch–Deutsch (Text Massimo Fagioli) / Italian–German translation (Article by
Massimo Fagioli): Beate Ummenhofer, Keutschach; Stefanie Schröder und / and Gudrun Wefes, Bonn
Übersetzung Italienisch–Englisch (Text Massimo Fagioli) / Italian–English translation (Article by
Massimo Fagioli): Stephen Piccolo, Mailand
Fotos / Photos: Stefan Müller, Berlin S./p. 8, 12, 13, 16, 28, 30, 31, 32, 33, 36–37, 38, 39, 40 (oben/top),
42, 43, 44, 45, 46, 47, 48, 50–51, 52–53, 56, 57, 58, 59, 60, 61; Peter Oszvald, Bonn S./p. 18, 19,
20, 21, 24–25, 26–27; Hans Schafgans, Bonn S./p. 40 (unten/bottom); Peter Winandy, Aachen S./p. 64;
Archiv USARCH S./p. 6
Grafische Umsetzung / Graphic design: Quart Verlag, Linus Wirz; USARCH, Feyyaz Berber und / and
Matthias Storch
Druck / Printing: DZA Druckerei zu Altenburg GmbH

© Copyright 2016
Quart Verlag Luzern, Heinz Wirz; Texte/Articles: Autoren/Authors
Alle Rechte vorbehalten / All rights reserved
ISBN 978-3-03761-083-1

Quart Verlag GmbH
Denkmalstrasse 2, CH-6006 Luzern
books@quart.ch, www.quart.ch

[1] Martin Heidegger, *Die Kunst und der Raum*, St. Gallen 1969, S. 8.
[2] Gianni Vattimo, *Introduzione a Heidegger*, Rom 2010, S. 9.
[3] Unter den diversen Beiträgen Uwe Schröders siehe vor allem: «Spazi della città. Per un riordinamento in architettura», in: Cinzia Simioni/Alessandro Tognon, *Architetture razionali per un metodo condiviso*, Band II: *Scritti teorici*, Padua 2012, S. 88ff.
[4] Mit diesem Thema habe ich mich an anderer Stelle auseinandergesetzt. Siehe dazu «Il processo e la legge: su Uwe Schröder teorico e architetto», in: Uwe Schröder, *Architettura degli spazi*, Bologna/Tübingen/Berlin 2010.

Lichtung im Pinienwald / Clearing in the pine forest, Cecina 2005

[1] Martin Heidegger, *Art and Space*, trans. Charles H. Seibert, *Man and World 9* (1973), p. 5 Orig.: "Doch wie können wir das Eigentümliche des Raumes finden? Es gibt einen Notsteg, einen schmalen freilich und schwankenden. Wir versuchen auf die Sprache zu hören. Wovon spricht sie im Wort Raum? Darin spricht das Räumen. Dies meint: roden, die Wildnis freimachen." *Die Kunst und der Raum*, St. Gallen 1969, p. 8.
[2] Gianni Vattimo, *Introduzione a M. Heidegger*, Rome/Bari 2010, p. 9.
[3] Among the various articles by Uwe Schröder, see especially: *Spazi della città. Per un riordinamento in architettura*, in *Architetture razionali per un metodo condiviso*, II vol. *Scritti teorici*, Cinzia Simioni and Alessandro Tognon (eds.), Padua 2012, p. 88ff.
[4] I have studied this topic elsewhere. See *Il processo e la legge. Su Uwe Schröder teorico e architetto*, in *Uwe Schröder, Architettura degli spazi*, Bologna-Tübingen/Berlin 2010.
[5] Cf. the delightful reading by Andreas Denk *Lo spazio come organo. Riflessioni su una concezione "anacronistica" dell'architettura*, in Uwe Schröder, *Sugli spazi della città*, Cinzia Simioni and Alessandro Tognon (eds.), Padua 2011.

Raum und Existenz in Uwe Schröders Architektur
Massimo Fagioli

«Doch wie können wir das Eigentümliche des Raumes finden? Es gibt einen Notsteg, einen schmalen freilich und schwankenden. Wir versuchen auf die Sprache zu hören. Wovon spricht sie im Wort Raum? Darin spricht das Räumen. Dies meint: roden, die Wildnis freimachen.»
Martin Heidegger[1]

Es ist nicht möglich, über Uwe Schröders Architektur zu sprechen, ohne ihre «Unzeitgemässheit» zu erwähnen. Gemeint ist damit sein kritisches, nicht bloss affirmatives Verhältnis zu Architektur und Stadt in ihrem aktuellen Zustand. Seine Arbeiten loten die Möglichkeiten einer rationalen Architektur aus, die das Prinzip einer post-metaphysischen Moderne mit Klassizität und Dauerhaftigkeit verbindet. Eine solche reflektierte Moderne erweitert die Frage nach der Wahrheit um eine existenzielle Dimension. Sie steht zweifelsohne mit dem Begriff der Freiheit in der Moderne in Zusammenhang, wurde jedoch oft nihilistisch interpretiert.
Seit Heidegger bezieht sich die Wahrheit nicht mehr auf die Übereinstimmung von Sprache und Gegenstand (Thomas von Aquins *adaequatio intellectus et rei*). Die Beurteilungskriterien einer jeden Theorie beruhen nicht mehr, wie noch der neu-kantianische Transzendentalismus behauptete, auf den «in jedem rationalen Wesen a priori identischen Strukturen», die auch allgemeingültig sind. Vielmehr verstehen sie sich als Momentaufnahmen und Ereignisse, «als von Mal zu Mal unterschiedliche Öffnungen der endlichen Projekthaftigkeit des Seins». Demgemäss versteht sich die Wahrheit vor allem als «Ereignis selbst», und die zentrale Rolle der Kunst ist der Ort des Seins.[2] Dieser Paradigmenwechsel betrifft natürlich auch die Architektur.
Die Begegnung zwischen Ereignis und Wahrheit hat Uwe Schröder im Raum verortet. Seine Arbeiten thematisieren den architektonischen Raum – seine idealen Dimensionen, ausgehend von einer tief greifenden theoretischen Neubeurteilung der Raumprinzipien, wie sie etwa seitens A. Schmarsow, H. Sörgel, P. Zucker und S. Giedion erfolgt ist.[3]
Bei Uwe Schröder erscheint der Raum vorwiegend als eine ideale Ordnung, welche die Permanenz und das Typische des menschlichen Handelns in Bezug auf Stadt und Gesellschaft kennzeichnet. In diesem Sinn ist seine Architektur nicht so «kurzlebig» wie viele andere zeitgenössische Beispiele, sie produziert keine «Spektakel» – und wenn doch, dann im Sinne der erwähnten Unzeitgemässheit in Bezug auf das menschliche Sein und die Bedürfnisse des Wohnens.

Space and existence in the architecture of Uwe Schröder

"…How can we find the special character of space? There is an emergency path which, to be sure, is a narrow and precarious one. Let us try to listen to language. Whereof does it speak in the word 'space'? Clearing-away is uttered therein. This means: to clear out (roden), to free from wilderness."
Martin Heidegger[1]

It is impossible to talk about the architecture of Uwe Schröder without raising the issue of its "unfashionable" character – i.e. its critical relationship which does not simply conform with the way architecture and the city are considered in their current condition. His works sound out the possibilities of a rational architecture that combines the principle of a post-metaphysical Modernism with the appeal of the classical and the permanent.
This considered Modernism adds an existential dimension with respect to the question of truth. It is clearly connected to the theme of freedom of the modern, in which, however, a nihilist interpretation has often gained the upper hand.
From Heidegger onward, truth has in fact seemed no longer to be connected to the correspondence of language to the thing (the *adaequatio intellectus et rei* of St Thomas Aquinas). Unlike what had been asserted by neo-Kantian transcendentalism, the criteria of assessment of any theory no longer lie in "structures that are *a priori* identical in every rational being" and are valid for every time, but can be understood above all as moments of existence, as events, "as openings that are different in each case of the temporally finite project of being." Hence the fact that truth is thought of above all as a "happening itself". And the central role of the artwork is seen as the place of being.[2] This is a change of paradigms that obviously also relates to architecture.
Uwe Schröder identifies the encounter between the event and truth in space. At the basis of his work there is the assumption of the theme of architectural space as a founding principle, an ideal dimension, therefore, based on the profound theoretical reconsideration of spatial principles, as achieved by A. Schmarsow, H. Sörgel, P. Zucker and S. Giedion.[3]
But Uwe Schröder above all regards space as an ideal order (*Ordnung*) that qualifies the permanence and typical character of human operation in relation to the city and society. In this sense his work does not belong to recent "ephemeral" architecture, nor does it produce a "spectacle". If anything, in keeping with its above-mentioned anachronistic nature, it expresses a respect for human existence and its housing requirements.

Es handelt sich um eine ethische Position, bei der jeweils Rationalität und Raumkonzeption die Basis der Projekte bilden, auf die sich die architektonische Theorie stützt. Genau genommen ist es eine architektonische Logik im Geiste der menschlichen Gestaltung der Welt – um damit die Grundlagen für eine rationale Theorie des architektonischen Entwerfens zu liefern.

Die von Uwe Schröder vorgeschlagene «Architektur der Räume» erhebt das Projekt zu einem Verfahren, das die Konstruktion der menschlichen Welt (den Raum der Menschen) rational mit ihrer archetypischen Dimension und dementsprechend den Menschen mit seiner symbolischen und kosmischen Konstitution verbindet. In diesem Sinne können der Architektur jene Fragen von Nutzen sein, die zu Beginn des vergangenen Jahrhunderts von der Phänomenologie gestellt und später von Strukturalismus, Hermeneutik und den verschiedenen Formen des Rationalismus wieder aufgenommen wurden: Diese Fragen werden offenbar von jenen Forschungen zum architektonischen Raum beantwortet, die sich auf topologische und typologische Annahmen stützen.[4] Im Übrigen betrifft die Anerkennung der unabdingbaren Verbindung zwischen der «Positionierung des Menschen in der Welt» und den «bestimmenden Eigenschaften der Spezies» (Organe) die spezifisch menschliche Aneignung der Welt.[5]

Gemäss Uwe Schröder ist der Begriff «Raum» vor allem im Sinne seiner Bedeutung im Deutschen zu verstehen, die sich von der lateinischen Wurzel *spatium* unterscheidet, von der sich die angelsächsischen und romanischen Sprachen ableiten (*space* auf Englisch, *spazio* auf Italienisch und *espace* auf Französisch). Der Begriff Raum steht, wie Heidegger betont, für etwas «Eingeräumtes» und «Freigegebenes» – er ist damit dem griechischen Begriff *péras* (Grenze) näher. Gemeint sein kann also etwas Geräumtes oder etwas, dem Grenzen gesetzt wurden; «etwas Eingeräumtes-Gestattet-Gefügtes» oder «aus einem Ort Gewonnenes». Die Räume beziehen ihr Wesen von den Orten.[6] Der Begriff «Raum» unterscheidet sich also grundlegend von *spatium*. Es ist ein Begriff, der das «Begrenzen» in einem umfassenderen und qualitativeren Sinn versteht, denn Räume und Orte ermöglichen die Idee des *spatium* (und nicht umgekehrt) im Sinne eines «Intervalls» der Dimension, auf welches sich auch der Begriff der reinen Ausdehnung (*extensio*) bezieht.[7]

Die erste Frage ist also jene nach der Idee. Das primäre Konzept des Raums impliziert, vor allem im Deutschen, eine im Vergleich mit den Begriffen Welt, Umwelt und Kontext grössere Abstraktion und verweist auf eine theoretische Kategorie, die sich nur über eine ideelle Projektion ausdrücken lässt. Dieser Prozess ist nicht selbstverständlich, denn wie wir wissen, verbarg sich in der Architekturtheorie die Reflexion über den Raum oft hinter

This is an ethical position for a grounded project in which a rational attitude and spatial conception are the fundamentals on which to hinge architectural theory. To be precise, it is an architectural logic in the spirit of the human shaping of the world – thereby forming the basis for a rational theory of architectural planning.

The "architecture of spaces" Uwe Schröder proposes elevates the project to a procedure that rationally links the construction of the human world (human space) to its archetypal dimension, and therefore links man to his symbolic and cosmic constitution. In this sense the questions raised at the start of the last century by phenomenology and then returned to by structuralism, hermeneutics and the various forms of rationalism can still be useful for architecture, and seem to gain validity in research on architectural space hinging on topological and typological premises.[4] Moreover, recognition of the inseparable tie between the "positioning of man in the world" and "constituent characters of the species" (organs) recognises the specifically human appropriation of the world.[5]

According to Uwe Schröder, space should above all be considered in the German sense of the word *Raum*, which differs from the Latin root *spatium* found in Romance languages and English (*space*, *spazio* in Italian, *espace* in French).

In fact space, as Heidegger asserts, corresponds to something cleared, freed up – closer to the Greek concept of *péras* (limit). Space can thus be seen as what has been cleared, what is placed within its limits. Something conceded-permitted-added, or "acquired from a place". Spaces get their essence from places.[6]

Space is therefore profoundly different from *spatium*. It is in fact a notion that implies "limiting", is more comprehensive and qualitative, because the existence of something like spaces and places makes possible (and not vice versa) the notion of *spatium* as a dimensional "gap" inside which the notion of pure extension, among other things, is configured (*extensio*).[7]

The first question is therefore about the idea. The elementary concept of space, above all in the sense of *Raum*, with respect to those of "world", "environment" and "context", implies greater abstraction, evoking a theoretical category that cannot be expressed except through an ideal projection.

The process does not seem to be one we can take for granted. We know that in architectural treatises, reflection on space also seems to be hidden behind questions of functional utility (*utilitas*), constructive solidity (*firmitas*) and beauty (*venustas*). In modern poetics, on the other hand, space is all too often simplistically reduced to the dichotomy between the inner, closed dimension of buildings and the outer dimension of open spaces, without establishing a correlation between them.

[5] Diesbezüglich sei auf die reizvolle Lesart verwiesen, die Andreas Denk in «Lo spazio come organo. Riflessioni su una concezione ‹anacronistica› dell'architettura», in: Cinzia Simioni / Alessandro Tognon, *Architetture razionali per un metodo condiviso*, Band II: *Scritti teorici*, Padua 2012, gibt.

[6] Martin Heidegger, *Vorträge und Aufsätze*, Pfullingen 1954, S. 155.

[7] Aus dem lateinischen *spatium* leiten sich also die entsprechenden Wörter in fast allen modernen westlichen Sprachen mit Ausnahme des Deutschen her, das eben «Raum» dafür verwendet. *Spatium* wiederum leitet sich vom griechischen *spádion* und *stádion* ab, das sowohl eine bestimmte Länge (185 m) angibt als auch die Strecke und den Ort, durch den die Strecke auf jener Länge führt. Das lateinische *spatium* hat also mehr Bedeutungen als der griechische Begriff: unbestimmte Länge, Distanz, Dimension, Grösse, Intervall und, in übertragenem Sinne, Länge oder Zeitintervall. Die Schwierigkeiten der Übersetzung sind historischer Natur, zumal es im Griechischen keinen Begriff mit so vielen Bedeutungen gibt. Daher taucht er etwa in der Lehre des Platon oder Aristoteles über den Raum nicht auf. Tatsächlich werden mehrere griechische Begriffe mit *spatium* übersetzt: διαστημα (Distanz, Ausdehnung, Dimension), μεγετος (Grösse), μηκος (Länge) und insbesondere κενον (leer) und πληρες (voll). Siehe dazu Filippo Selvaggi, *Filosofia del mondo. Cosmologia filosofica*, Rom 1996.

[6] Martin Heidegger, *Vorträge und Aufsätze*, 1957 (cited from the Italian, *Saggi e discorsi*, Milano 1976, p. 103)

[7] The appropriate words in almost all modern Western languages are derived from the Latin *spatium*, with the exception of German, which uses *Raum*. *Spatium* in turn is derived from the Greek *Spádion* and *Stádion*, which denotes both a specific length (185 m) and the route and location through which the route of that length leads. The Latin *spatium* therefore has more meanings than the Greek term: unspecific length, distance, dimension, size, interval and, figuratively speaking, length or time interval. The translation difficulty thus has a historical cause, since there is no term in the Greek language that has so many meanings. That is why it does not appear in teachings on space by Plato and Aristotle. In fact, several Greek terms are translated as spatium: διαστημα (distance, expanse, dimension), μεγετος (size), μηκος (length) and especially κενον (empty) and πληρες (full). See Filippo Selvaggi, *Filosofia del mondo. Cosmologia filosofica*, Rome 1996.

[8] Uwe Schröder, *Die zwei Elemente der Raumgestaltung*, Tübingen/Berlin 2009, S. 22.

[8] Uwe Schröder, *Die zwei Elemente der Raumgestaltung*, Tübingen/Berlin 2009, p. 22. ("Die Architektur hat ihre eigene...")
[9] This idealism incidentally also forms the basis for criticism of Semper: "Semper hinterlässt mit seinem kulturgeschichtlichen Kosmos die theoretischen Grundzüge einer Phänomenologie der symbolischen Formen der Architektur und mithin einen Weg, dem Phänomen der architektonischen Raumbildung nachzugehen." Uwe Schröder, *Die zwei Elemente der Raumgestaltung* (see note 8), p. 20.
[10] See the studies by Mircea Eliade, in particular *Le Sacré et le profane*, 1965 and above all Ernst Cassirer, who explains this position in his *Philosophie der symbolischen Formen*.

Fragen nach funktionalem Nutzen (*utilitas*), baulicher Beständigkeit (*firmitas*) und Schönheit (*venustas*). In der modernen Poetik hingegen erscheint der Raum bisweilen allzu vereinfachend reduziert auf die Dichotomie zwischen der geschlossenen, inneren Dimension der Gebäude und der äusseren Dimension der Freiflächen, zwischen denen keine Beziehung besteht.

Aber lassen wir Uwe Schröder selbst zu Wort kommen: «Die Architektur hat ihre eigene Gesetzmässigkeit, aber technische oder tektonische Satzungen bestimmen nicht das Wesen der Architektur. Räume und Formen der Architektur sind nicht Ausdruck der Materialität oder der Konstruktion, sondern der ihr innewohnenden Ideen. Diese Ideen, die das Wesen ursprünglich entfalten, werden nicht durch die Architektur selbst hervorgebracht, sondern sind aus der ‹Welt der Ideen› in sie hineingedacht. Das Wesen der Architektur kann daher nur in einem symbolischen Gehalt bestimmt sein, da die Architektur nicht sich selbst zum Ausdruck bringt und auch nicht aus sich heraus sein kann, was sie durch den Raum und in Folge durch die Form zum Ausdruck bringt. Nur als Symbol kann die Architektur auf die ihr zu Grunde liegende Idee verweisen. Der symbolische Ausdruck der ‹Welt der Ideen› ist der Architektur wesentlich. Indem sie ihn stiftet, erfüllt sie einen höheren Zweck.

Ideen, die eine Vorstellung und die Wahrnehmung der gesellschaftlichen Verfasstheit der Menschen zur Voraussetzung haben, stiften durch Entfaltung der Räume und durch Bestimmung der Formen den symbolischen Ausdruck: Die Idee etabliert den Raum. Der Raum etabliert die Form. Die Form etabliert das Symbol: Die Idee kommt durch den Raum in der Form zum symbolischen Ausdruck.»[8]

Der unleugbare Bezug von Uwe Schröders Architektur auf Platons Ideenlehre besteht in der komplexen Haltung zu sozialen, symbolischen und ästhetischen Implikationen. Tatsächlich begründet bei Schröder die Idee den Raum. Dieser wiederum definiert die Form, ohne die es kein Symbol gibt. Es handelt sich um die in der Tradition des Idealismus von Platon bis Hegel geschätzte Triade

Let us allow Uwe Schröder to voice his opinion: "Architecture has its own constituent laws, but technical or tectonic rules do not determine the essence of architecture. Spaces and forms of architecture are not the expression of materiality or construction, but of the ideas they imply. These ideas that outline the essence, at its origin, are not produced by architecture as such, but are projected into it from the 'world of ideas'. The essence of architecture can lie only in a symbolic content, because architecture does not lead to the expression of itself, nor can it coincide, by means of space and as a consequence of form, with the expression of what lies outside itself. Architecture can evoke the idea on which it is based only as a symbol. The symbolic expression of the 'world of ideas' is essential for architecture. In doing so, architecture achieves its highest goal.

Ideas, which have as their premises a representation and perception of the civil society of men, institute symbolic expression through the deployment of spaces and the definition of forms: the idea establishes the space. The space establishes the form. The form establishes the symbol: the idea becomes a symbolic expression in form through space."[8]

The undeniable reference to Plato's Theory of Ideas in Uwe Schröder's architecture becomes clearer if we consider his complex approach to social, symbolic and aesthetic implications. In Schröder, in fact, it is the *idea* that generates the *space*, which in turn defines the *form* without which there can be no *symbol*. This triad [idea-form-symbol] is found in the tradition of idealism, from Plato to Hegel. Schröder himself asserts it on various occasions and makes it a matrix capable of leading beyond the materialism of Semper.[9]

But the dangers evoked by Heidegger are inevitable, because the aporia intrinsic in the idealism-realism opposition has always had its impact on the possibility of theory, and not just for architecture. After all, we know that most recent philosophical thinking has attempted to go beyond this dualism, or at least to put it into a historical framework. And upon more careful examination, in effect we are led to consider that both idealism and materialism do not, in reality, manage to explain fully the relationship with the symbol, for which instead a wider-ranging theoretical effort would be required, such as that supplied by the philosophy of myth.[10] In that context, space can then be understood as a phenomenal event that is produced in the sacred nature of the world.

Man takes over space, establishing a hierarchy, a difference in the environment. Human characteristics are repeated and take on substance in sacred practices. On this groundwork, Uwe Schröder constructs a syntax of spaces based on the combination of compositional elements, on a par with an explanatory and cognitive language, rather than

Stadtwerder, Bremen 2009

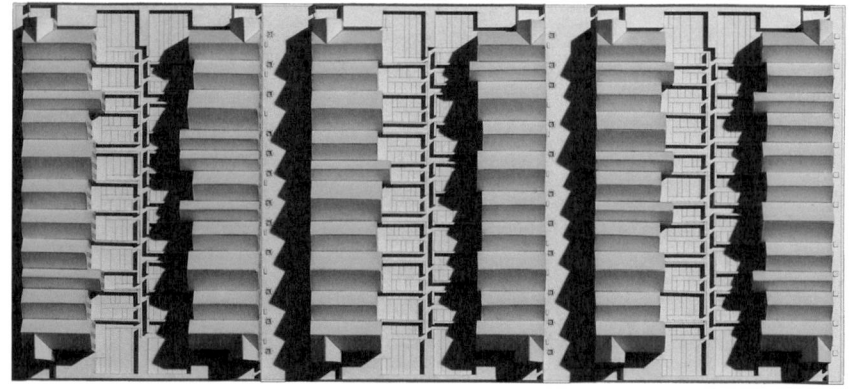

(Idee – Form – Symbol). Schröder weist mehrfach darauf hin und überwindet damit Sempers Materialismus.[9]

Doch die von Heidegger aufgezeigten Risiken sind unausweichlich. Die dem Gegensatz Idealismus – Realismus innewohnende Aporie bestimmt seit jeher die Möglichkeiten der Theorie nicht nur im Bereich der Architektur. Im Übrigen wissen wir, dass zeitgenössisches philosophisches Denken danach trachtet, einen solchen Dualismus zu überwinden oder zumindest historisch einzuordnen. Die aufmerksamere Lektüre zeigt jedoch, dass es in Wirklichkeit weder dem Idealismus noch dem Materialismus gelingt, die Beziehung zum Symbol vollständig zu beschreiben. Daher ist ein breiterer theoretischer Zugang nötig, wie ihn die Philosophie des Mythos bietet.[10] Der Raum versteht sich in diesem Kontext als phänomenales Ereignis, das sich in der Erfahrung der Sakralität der Welt vollzieht. Der Mensch eignet sich den Raum an, indem er in seiner Umgebung Hierarchie und Differenz festlegt. Die menschlichen Eigenschaften wiederholen und bestätigen sich in den sakralen Praktiken. Auf diesen Grundlagen konstruiert Uwe Schröder eine Syntax der Räume, die mehr auf der Kombination kompositiver Elemente beruht (und damit einer erklärenden und kognitiven Sprache ähnlich ist) als auf der Interaktion oder Gegenüberstellung autonomer Objekte. Auf diese bezog sich die einfache formale Forschung der Architektur der Moderne, die damit – vor allem in volumetrischer Hinsicht – oft auf die Untersuchung rein formaler Aspekte reduziert wurde.

Die in dieser Monografie vorgestellten Arbeiten verdeutlichen diesen Aspekt bereits bei der ersten Lektüre, die eine weitere Vertiefung verdient. So verleihen etwa die Elemente den Räumen ihren Charakter in der Komposition. Im Gegensatz zur Dialektik von Innen und Aussen im Bereich architektonischer Formen geben sie ihnen einen ausgeprägten urbanen Wert. Von der Zelle über den Hof bis zum Platz werden Architekturen geschaffen, die den räumlichen Sinn in der Kombination von Elementen objektivieren, und diese implizieren das Thema des existenziellen Charakters des Raums: vom Zentrum über den Weg bis zum Gebiet, so würde Norberg-Schulz in seiner Weiterentwicklung der Thesen Heideggers über die «Räumlichkeit des Daseins» sagen.[11]

Das Atrium kann so zu einem «Eingang» werden und damit die Architektur des Hauses Cöllenhof charakterisieren; oder es ist «zur Verteilung» bestimmt, wie im architektonisch-urbanen Typus der Wohnhöfe Auerberg; oder das Atrium wird zum Ort «des Zusammenfliessens», wie im Falle der Prager Höfe. Derselbe Raumtypus erhält in der kompositorischen Verbindung spezifischer Architekturen eine jeweils andere Bedeutung.

Eine solche Syntax erlaubt es, die Gebäude zu einem on the interaction or juxtaposition of autonomous objects to which the formal experimentation of modern architecture has sometimes led, often reduced to the pursuit of purely formal effects, above all in volumetric terms.

The works included in this publication fully illustrate this aspect, even at first reading, which can certainly lead to greater depth. Thus the elements give the spaces their character in the composition. Unlike the dialectic of interior and exterior in the field of architectural form, they give them a strongly urban value. From the *cell* to the *courtyard* to the *piazza*, architecture is generated that objectifies the spatial meaning in combinations of elements, and they imply the theme of the essential character of space: from the *centre*, to the *path*, to the *domain*, as Norberg-Schulz would say, developing the theses of Heidegger on the "spatiality of existence".[11]

In this way the *atrium* can become an "entrance", defining the *architectural type* of the Cöllenhof. It becomes an atrium "of distribution" in the *architectural-urban type* of the Wohnhöfe Auerberg. Or an atrium "of convergence" in the *urban-architectural type* of the Prager Höfe. A single spatial type takes on different meanings in the compositional series of specific architectural works.

And this syntax makes it possible to unite the buildings with the city in a homogeneous spatial continuum (as was already understood by Leon Battista Alberti). In the axial types the atrium can have a function as a "passage", as in the Haus auf der Hostert, or one of "arrival" as in the Haus Hundertacht, or "intersection" as in the Haus im Erlengrund, demonstrating a design versatility of spatial elements that draws directly on historical types, but which is constantly renewed in solutions that are always original but that can easily and productively be applied to urban solutions. Furthermore, this makes it possible to counter the errors of the modern age: The continuity of construction, which makes

[9] Dieser Idealismus bildet übrigens auch die Grundlage der Kritik an Semper: «Semper hinterlässt mit seinem kulturgeschichtlichen Kosmos die theoretischen Grundzüge einer Phänomenologie der symbolischen Formen der Architektur und stiftet so erst die Voraussetzung, einer Phänomenologie des symbolischen Raumes nachzudenken und ihr hinzuzufügen.» (Ebd., S. 20)

[10] Siehe dazu die Studien von Mircea Eliade, insbesondere *Das Heilige und das Profane*, Frankfurt am Main / Leipzig 1998, und vor allem Ernst Cassirer, der diese Position mit seiner *Philosophie der symbolischen Formen* erklärte.

[11] Christian Norberg-Schulz, *Existence, Space and Architecture*, London 1971.

[11] Christian Norberg-Schulz, *Existence, Space and Architecture*, London 1971.

Stadtwerder, Bremen 2009

La bonne ville, Bonn 2010

homogenen räumlichen Kontinuum mit der Stadt zu verbinden (wie es bereits Leon Battista Alberti gefordert hat). Bei den axialen Typen kann das Atrium eine Durchgangsfunktion haben wie beim Haus auf der Hostert, oder eine Ankunftsfunktion wie beim Haus Hundertacht, oder eine Kreuzungsfunktion wie beim Haus im Erlengrund. Darin zeigt sich die planerische Vielseitigkeit der Raumelemente. Diese greift direkt auf historische Typen zurück, variiert sie jedoch zugleich konstant in stets neuen, ungewöhnlichen Lösungen, welche sich leicht und nutzenbringend auch auf urbane Projekte anwenden lassen. Das ermöglicht es zudem, die Fehler der Moderne zu vermeiden: Die Kontinuität des Gebauten, welche den urbanen Raum definiert, stellt sich der Kontinuität des «freien» Raums entgegen, der viele Gebäude der Moderne ihres Sinns und ihrer Identität beraubt. Exemplarisch hierfür sind die von Uwe Schröder für Bremen, Stadtwerder (2009), und Bonn, La bonne ville (2010), entwickelten Projekte.[12]

Es handelt sich um einen neuen Rationalismus, der den Menschen nicht ignoriert, sondern vielmehr impliziert. Dies ist vor allem möglich, weil der Mensch mit seinen physischen und kulturellen Eigenheiten beziehungsweise mit seiner «Intentionalität», wie Husserl sagen würde, den Innenraum des Hauses mit dem Stadtraum in Verbindung bringt.

Im Übrigen beruhen die topologischen Kategorien, die der von Uwe Schröder vorgeschlagenen räumlichen Grammatik zugrunde liegen, in letzter Instanz auf menschlichen Eigenheiten wie Bewegung, Wahrnehmung oder linguistischer und symbolischer Verarbeitung. Der Verweis auf die drei von Hans van der Laan vorgeschlagenen Momente – Bewegung, Sicht und Vernunft – geht in diese Richtung.

Die Reflexion über den Raum, der von Schmarsow als das Wesen der Architektur eingeführt wurde, stützt sich auf den Menschen und seine Ziele, denn die Raumgestaltung bezieht sich auf die Ziele des Menschen.

Das ist die komplexe Aufgabe, der Uwe Schröder nicht ausweicht, sondern die er vielmehr zum Ausgangspunkt von Architektur erhebt. Es scheint, als habe es sich seine Architektur zur Aufgabe gemacht, ihre eigenen baulichen Möglichkeiten zu deklinieren, wobei hierin die menschlichen Ansprüche von der Schutzbedürftigkeit bis zur Evidenz der Wahrnehmung zum Ausdruck kommen. Die menschliche Schutzbedürftigkeit wurde wiederholt als das

urban space an entity, counters the continuity of the "free" space that deprives many modern buildings of reason and identity. Good examples in this sense include the projects Uwe Schröder has developed for the Stadtwerder Bremen and the Bonne Ville in Bonn.[12]

Clearly this is a new rationalism, one that does not ignore man but implicates him. And this is possible above all because what unites the internal space of the house and that of the city is man, with his physical and cultural particularities, with his intentionality (*Intenzionalität*), as Husserl would say.

After all, the topological categories that form the basis of the spatial grammar proposed by Uwe Schröder rely, in the final analysis, on human prerogatives: movement, perception, and linguistic and symbolic expression. The appeal to the three moments of *movement*, *view* and *reason* proposed by Hans van der Laan moves in this direction.

The reflection on space, as Schmarsow introduces it in architecture (as its essence), actually pivots on man and on *purpose*, because the *Raumgestaltung* (configuration of space) takes form precisely in relation to the purposes of man. This is the complex analysis Uwe Schröder does not avoid and even raises to the status of a generator of architecture.

His architecture seems to have taken on the task of ordering the possibilities to form a composition, expressing the human prerogatives that range from the need for *protection* to the emphasis on *perception*.

A recurring interpretation has in fact tended to view the primary purpose of architecture as protection and therefore as shelter.[13] This point merits deeper examination. We can stress however that a broad understanding of space as *Raum* includes other human requirements, even before any purpose and any theoretical significance, of which the most important is perception: Only after perception can there in fact be something that can be defined as *purpose* or *function*, which can certainly include *defence* and *protection*, but also *exploration* and *food*: the complete appropriation of the environment. Uwe Schröder deserves credit, then, for taking architecture back to the perceived and orientating measure of *being in the world*. It is an architecture of reason that nevertheless does not overlook the senses, particularly in the interiors. Man experiences his *being in the world* first of all through the perception that unfolds through his senses. This condition comes prior to any other existential condition, and without it there can be no *will* or *necessity*. Perception is conditioned by the senses and by the human prerogatives that include, in their unfolding, a *habit* or an *accident*. Just as it is an accident that man is equipped with rectilinear binocular vision or walks in an upright position, taking advantage of the laws of gravity. And these conditions include proxemics and geometry as determining

[12] Siehe dazu AA.VV., *Nuova architettura razionale / Neue rationale Architektur*, Florenz 2011, S. 138ff.
[13] Siehe dazu Emanuele Severino, «Raumgestaltung», in: *Tecnica e architettura*, Mailand 2003. Für Emanuele Severino geht es vor allem darum, sich vor Gefahren zu schützen. Schutz ist für ihn damit gleichbedeutend mit Verteidigung.
[14] Ebd., S. 88.

[12] See AA.VV., *Nuova architettura razionale/Neue rationale architektur*, Florence 2011, p. 138.
[13] See Emanuele Severino, *Raumgestaltung*, in *Tecnica e architettura*, Milan 2003. Emanuele Severino sees the main aspect to lie in protecting oneself from danger. Protection is therefore synonymous with defence.
[14] Ibid., p. 88.

vermeintlich primäre Ziel der Architektur interpretiert.[13] Dieser Punkt müsste weiter vertieft werden. Wir können jedoch unterstreichen, dass ein breiter Raumbegriff noch vor jeder Zielsetzung und jeder theoretischen Bedeutung weitere menschliche Eigentümlichkeiten einschliesst, deren wichtigste die Wahrnehmung ist: Nur infolge der Wahrnehmung kann es etwas geben, das sich als Ziel oder Funktion definieren lässt, etwa Verteidigung oder Schutz, aber auch Entdecken oder Ernähren: eine komplette Aneignung des Raums. Das Verdienst Uwe Schröders besteht also darin, dass er die Architektur auf die Wahrnehmung und Orientierung des menschlichen Daseins in der Welt zurückgeführt hat. Es ist eine Architektur der Vernunft, die insbesondere bei den Innenräumen das Sinnliche nicht vernachlässigt. Der Mensch organisiert sein In-der-Welt-Sein vor allem über die Wahrnehmung, welche sich über die Sinne entfaltet. Diese Tatsache geht jeder weiteren existenziellen Bedingung voraus, ohne die weder Wille noch Notwendigkeit möglich ist. Die Wahrnehmung wird durch die Sinne und die menschlichen Eigenschaften bestimmt, die in ihrer Entfaltung eine Gewohnheit oder ein Akzidens beinhalten – wie es auch ein Akzidens ist, dass der Mensch mit beiden Augen geradeaus blicken oder dank der Gravitationsgesetze aufrecht gehen kann. Diese Bedingungen umfassen die Proxemik und die Geometrie als die menschliche Aneignung auszeichnenden Momente, als menschliche Fähigkeiten, welche die daraus folgenden Eigenschaften konditionieren – also notwendige Handlungen wie Ernährung, Bekleidung und Schutz sicherzustellen, sowie freiwillige wie die Intention, Gefahr, Schmerz und Tod zu entfliehen. Der Hausbau kann insofern als «eine der ursprünglichsten Formen jenes Willens zur Rettung» betrachtet werden, die den Menschen seit jeher begleiten, denn Severinos Interpretation folgend besteht «der letzte Zufluchtsort im stabilen und globalen Zustand der Welt, in die erst der Mythos und dann die weiteren Formen des Wissens den Schmerz und den Tod einschreiben».[14]

Das Thema des Raums gehört also einer Philosophie der Existenz an, die ihrerseits auf eine architektonische Anthropologie verweist, welche die Objektivität des Bauens auf die menschliche Subjektivität zurückführt, wenn auch in einer idealen Ausprägung. Damit stellt sich die Frage nach der Geometrie. Sie ist von grosser Bedeutung, wenn es darum geht, jene den architektonischen Raum begründende Ordnung zu verstehen, den nur die Geometrie voll und ganz zu kontrollieren vermag.

Wir wissen, dass die ersten Behausungen, also «Zellen», über einfache und regelmässige Formen verfügten und von der Geometrie bestimmt wurden. Es sind jene planimetrischen Formen, die Uwe Schröder nicht zufällig präferiert, auch wenn er sie in komplexe und architektonisch verfeinerte Typen übersetzt oder überträgt.

characteristics of human appropriation. As human faculties that influence the resulting properties: those that are necessary, such as gaining nourishment, sheltering and protecting oneself, and those that are willed, such as the resolve to escape from dangers, suffering and death.[14]

The construction of the house can thus be seen as "one of the most original forms of that desire for salvation" that has always accompanied man, because – according to the interpretation of Severino – in effect, "the ultimate or supreme shelter is constituted by the stable and global sense of the world in which first the myth and then the other forms of knowledge inscribe suffering and death."

The subject of space therefore pertains to a philosophy of existence, which in turn references a true architectural anthropology that leads constructive objectivity back to human subjectivity, even in its ideal prerogatives.

Thus the question of geometry is raised, since it is important to understand the order that forms the basis of architectural space, which only geometry can fully control.

We know, in fact, that the first dwellings, "cells", have a simple, regular form and are regulated by geometry. It is no coincidence that these are the planimetric forms favoured by Uwe Schröder, though translated and shifted into complex and architecturally elaborate types.

In the architecture of Uwe Schröder this regulating nature of geometry, though not overwhelming, is particularly evident. In the Haus am Cöllenhof the articulated composition, in its upward slope, is held together by the four-part arrangement of the plan; the plan brings out the spaces and their structural qualities which are architecturally translated into typical elements like porticos, the atrium and the belvedere. At Auerberg, the dynamic juxtaposition of parts of the layout is coordinated and held together by the regulating geometry and the structural continuity of the free beams. At Auf der Hostert the complex system of the square base is broken up and the rectangular shape of the partial levels returns in the square formed by the portico of the terrace. On every level the terrace with a portico layout defines the upward shift, making the resulting outdoor space almost metaphysical. Also at Auf der Hostert, the furnishing solution inside the library seems to be exemplary, where the geometric rule creates order, as underlined by the details of the floor and the lighting on the ceiling.

And we could continue: Also in Auerberg, the Prager Höfe constitute a system tethered to the central square of the shared courtyard that is actually an elevated plaza. The square that defines it is partially overlaid on the four squares of the residential units in keeping with a play of levels that becomes a structural grid that is legible in the interior thanks to the pillar of the kitchen.

La bonne ville, Bonn 2010

La bonne ville, Bonn 2010
Erdgeschoss / Ground floor

11

15 Vgl. Norberg-Schulz, der in seinem Buch *Existence, Space and architecture* das Verhältnis zwischen dem existenziellen, dem geometrischen und dem architektonischen Raum analysiert. Vgl. ferner die Studien von J. Rykwert in: *On Adam's House in Paradise: The Idea of the Primitive Hut in Architectural History*, 1. Aufl. New York 1972, sowie in: *The idea of a town: The Anthropology of Urban Form in Rome, Italy, and The Ancient World*, Princeton 1988.

15 See Norberg-Schulz, who analyses the relationships between existential, geometric and architectural space in his book *Existence, Space and Architecture*. See also the studies by J. Rykwert, *On Adam's House in Paradise: The Idea of the Primitive Hut in Architectural History*, first edition, 1972 and *The idea of a town: The Anthropology of Urban Form in Rome, Italy, and The Ancient World*, Princeton 1988.

An den Architekturen Uwe Schröders wird diese regulierende Funktion der Geometrie besonders deutlich, wenngleich sie nicht aufdringlich ist. Beim Haus am Cöllenhof wird die ausdrucksstarke Komposition in ihrem Streben nach oben von der viergeteilten Planimetrie zusammengehalten. Der Plan zeigt die Räume und ihre strukturellen Qualitäten auf, die sich in architektonisch typische Elemente wie Portikus, Atrium und Belvedere übersetzen. In Auerberg wird die dynamische Verbindung der Teile des Grundrisses durch die regulierende Geometrie und strukturelle Kontinuität der frei liegenden Rahmen koordiniert und zusammengehalten. Beim Haus auf der Hostert löst sich das komplexe System des zugrundeliegenden Quadrats auf, und die rechtwinklige Gestaltung der Stockwerke wird vom Quadrat wiederaufgenommen, das durch den Laubengang der Terrasse festgelegt wird. In jedem Stockwerk definiert das System der Terrasse mit Laubengang die Abstufung nach oben und macht den daraus resultierenden Raum zu einem metaphysischen. Zudem erscheint bei diesem Haus die Lösung für die Bibliothek als exemplarisch: Hier sorgt die geometrische Regel für Ordnung, was zusätzlich durch die Details des Fussbodens und der Deckenleuchten betont wird.

Und wir könnten noch die Prager Höfe in Auerberg nennen, die ein System bilden, das auf dem zentralen Quadrat des allgemein zugänglichen Hofes basiert, der eigentlich ein erhöhter Platz ist. Das diesen Platz definierende Quadrat wird teilweise von den vier Quadraten der Wohnungen auf unterschiedlichen Niveaus überlagert. Diese bilden ein strukturelles Raster, das sich innen am Pfeiler der Küche ablesen lässt.

Die Formen setzen eine Ordnung voraus: Sie entwickeln sich um ein Zentrum oder einen Knotenpunkt herum, mit strukturierenden Achsen, Wegen und Begegnungsflächen. Letztere definieren einen Umfang, der alles umreisst und begrenzt. Doch bestehen diese Prinzipien ideell auch ohne physische Elemente, die sie festlegen: definiert durch ein ideelles Zentrum, eine ideelle Achse und einen ideellen Umfang. Wie wir wissen, kann ein Raum

These forms would seem to imply an order: They develop around a polarity or a nodal point, with structuring axes, paths and layout to determine a perimeter that qualifies them as being bordered and limited. But these principles ideally exist even without the physical elements that identify them: They are defined by an ideal centre, axis and perimeter. We know that a space can be consecrated with these principles, and they therefore exist as an interruption of continuous and undifferentiated space.[15]

This brings us to another decisive question, namely that of technique, also in relation to man. Architecture represents the modification of the environment for the ends of human existence through a particular technique, namely a mediation that man establishes between himself and the natural world. The dimension of mediation and synthesis of architecture allows us to unite human existence with the world, mediating in a certain sense between man and nature. Architecture is therefore a human product that takes its place in a given natural or artificial environment, modifying it. And it is first of all a cultural construction, prior to being a material construction.

The theme of technique is not avoidable in this case, and Uwe Schröder does not attempt to do so. In fact, he approaches it in a very mature way, as is clearly shown also in the most recent works where material and language address the theme of the most suitable form without succumbing to mechanical or decorative solutions, but with the rigour of a fully rational method that goes beyond the danger of the dogmas of abstraction.

Particularly significant projects, in this sense, include those for the ROM.HOF, Bonn (2009–2014) and the Werkbund Pavilion for Venice (2013/2014). In Haus Hundertacht (2000–2007) the spatial and layout hierarchy is emphasised by the use of material, as had already happened in the building Uwe Schröder constructed in Dorotheenstrasse in Bonn (1996–2000). The use of bricks for elements that have the greatest contact with the ground and the exterior spaces connects the building to the earth and gives it a classical dimension. The architect's mastery is also capable of taking form even when passing from one scale to another. In the Haus im Erlengrund (2007–2012) the classical character becomes a prestigious necessity through the triangular gables and the asymmetric design, projecting the interior space into the surrounding landscape.

Every building by Uwe Schröder, in this sense, is a manifesto of the theory of the arrangement of architectural space, in which technique has its rightful role as a tool that permits order among spatial elements while making the language of the formation of its spaces intelligible. This is why the question of technique can be posed as a human question.

ROM.HOF, Studentischer Wohnhof/ Student Residential Courtyard, Bonn 2009–2014 (Projekt/Project)

mittels dieser Prinzipien «geheiligt» werden und damit als Unterbrechung des kontinuierlichen und undifferenzierten Raums funktionieren.[15]

Damit kommen wir zu einer weiteren entscheidenden Frage, nämlich jener nach der Technik und ihrer Beziehung zum Menschen. Architektur ist die Veränderung der Umwelt mittels einer Technik, die im Dienste des menschlichen Seins oder der Mediation zwischen Mensch und natürlicher Welt steht. Durch Mediation und Synthese gelingt es der Architektur, das menschliche Dasein mit der Welt zu vereinen; in gewisser Weise vermittelt sie zwischen Mensch und Natur. Architektur ist insofern ein menschliches Produkt, das sich in der jeweiligen natürlichen oder künstlichen Umgebung positioniert und diese modifiziert. Sie ist daher primär eine kulturelle und nicht eine materielle Konstruktion.

Das Thema Technik lässt sich nicht vermeiden, und Uwe Schröder umgeht diese Frage auch nicht, sondern widmet sich ihr vielmehr in vollem Bewusstsein. Dies zeigt sich etwa in seinen neuesten Arbeiten, bei denen Materialwahl und Architektursprache das Thema der idealen Form deklinieren: Dabei verfällt er nicht dem Mechanistischen oder Dekorativen, sondern tut dies vielmehr mit der Strenge eines konsequenten Rationalismus, der die Gefahr einer dogmativen Abstraktion überwindet.

In diesem Kontext besonders bedeutsam sind der ROM.HOF in Bonn (2009–2014) und der Werkbund-Pavillon für Venedig (2013/14). Im Haus Hundertacht (2000–2007) wird die räumliche und distributive Hierarchie durch die Materialwahl unterstrichen – wie auch bereits in jenem Wohngebäude, das Uwe Schröder in der Dorotheenstrasse in Bonn (1996–2000) errichtet hat. Die Verwendung von Ziegeln für jene Teile, die am stärksten in Kontakt mit dem Boden und dem Aussenraum stehen, verbindet das Gebäude mit der Erde und verleiht ihm eine klassische Dimension. Das schliesst auch die Treppe des Hauses mit ein – die Meisterschaft des Architekten zeigt sich auch in der Gestaltung dieser Elemente. Beim Haus im Erlengrund (2007–2012) wird das Klassische durch die Giebeldreiecke und die asymmetrische Gestaltung, die den Innenraum in die umgebende Landschaft projiziert, zu einer repräsentativen Notwendigkeit.

Jedes Haus von Uwe Schröder ist in diesem Sinne ein Manifest seiner Theorie zu architektonischer Raumentfaltung. Technik wird hier zu einem Instrument, das die Ordnung zwischen den Raumelementen ermöglicht und die Sprache der Raumbildung verständlich macht. Daher kann die Frage der Technik auch als anthropogene Frage bezeichnet werden.

Die Anwesenheit des Menschen auf der Erde ist durch seine Anwendung der Technik geprägt: Die Bedingungen der Technik gehen auf primäre Akte zurück, wie die Schutzsuche in der jeweiligen natürlichen Umgebung, etwa unter einem Baum oder

Man qualifies his presence in the world by means of technique: The conditions of technique spring from primal acts such as seeking shelter in certain environments offered by nature to man, under a tree or in a ravine, for example. But man responds to the stimuli of the environment and the characteristics of his body, and adapts such conditions to his own vital needs.

Uwe Schröder has recognised the fact that in man this becomes a social attitude. The hearth – which takes us back to the first, Promethean technical gesture with which man becomes the master of his fate – can be considered the first form of *Raumgestaltung*, because unlike the natural shelter (tree, cave, rock ledge), it is produced and not found, and above all because it constitutes a community and a sense of society.

Thus the very constitution of space becomes a particular *techné*. But just as for primitive man it is not utterly indifferent with respect to living conditions whether he chooses or finds himself using a forest or a cave for shelter to "acclimatise" himself, so man realises that the environment in which he lives has an influence over him in different ways, and he reaches the point of contributing to its modification with specific techniques, according to the traditional narrative of architecture. Construction by weaving branches or digging shelters generates two different archetypes: the cabin and the cave. Architecture seems to have always been influenced by this dualism: "So, in that society some began to make roofs with branches, others to dig caverns under the mountains, others imitated the construction of swallows' nests, building shelters with

ROM.HOF, Studentischer Wohnhof/ Student Residential Courtyard, Bonn 2009–2014 (Projekt/Project)

ROM.HOF, Studentischer Wohnhof/ Student Residential Courtyard, Bonn 2009–2014 (Projekt/Project)

[16] Vitruv, *Zehn Bücher über Architektur*, Übersetzung vom Lateinischen ins Deutsche von Curt Fensterbusch, Darmstadt 1981, S. 79ff.
[17] Ernst Cassirer, *Philosophie der symbolischen Formen*, Band II: *Das mythische Denken*, 9., unveränderte Aufl. Darmstadt 1994, S. 40.

[16] Vitruvius, *De Architectura*, Silvio Ferri (ed.), Rome 1960, p. 71.
[17] Ernst Cassirer, *Philosophie der symbolischen Formen, II. Das mythische Denken.* (cited from the Italian *Filosofia delle forme simboliche*, Florence 1977, p. 44).

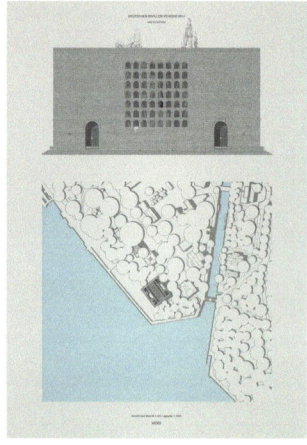

Ausstellungsbeitrag *This is modern*: Deutsche Werkbund Ausstellung Venedig 2014, Deutscher Pavillon, Tafel VI/XII, Ansicht und Lageplan

Contribution to the exhibition *This is modern*: German Werkbund exhibition Venice 2014, German pavilion, plate VI/XII, elevation and site plan

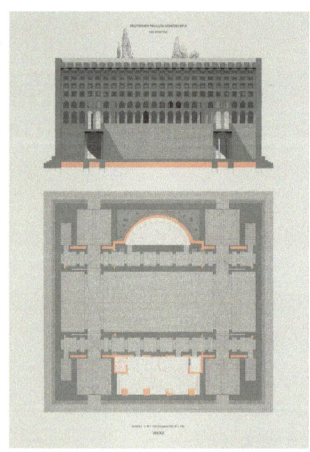

Ausstellungsbeitrag *This is modern*: Deutsche Werkbund Ausstellung Venedig 2014, Deutscher Pavillon, Tafel VIII/XII, Schnitt und Grundriss Erdgeschoss

Contribution to the exhibition *This is modern*: German Werkbund exhibition Venice 2014, German pavilion, plate VIII/XII, section and ground floor

in einer Felsspalte. Der Mensch reagiert auf seine Umwelt und die eigenen körperlichen Bedürfnisse, indem er diese Bedingungen den eigenen vitalen Belangen anpasst.

Uwe Schröder hat erkannt, dass dies ein soziales Verhalten ist. Ebenso kann die Feuerstelle, der Herd, der auf die erste prometheische Geste verweist, die den Menschen zum Herrn über das eigene Schicksal machte, als die erste Form der Raumgestaltung aufgefasst werden, denn im Unterschied zu einem natürlichen Zufluchtsort (Baum, Höhle oder Felsvorsprung) ist der Herd etwas Hergestelltes und nichts Vorgefundenes: Vor allem aber begründet er Gemeinschaft und Gemeinschaftssinn.

Damit wird die Konstituierung des Raums zu einer besonderen *techné*. Doch wie es für den primitiven Menschen im Hinblick auf die Wohnbedingungen nicht ganz gleichgültig war, ob er einen Wald oder eine Höhle nutzte als Zufluchtsort und Möglichkeit sich «einzuleben», so ist sich der Mensch grundsätzlich bewusst, dass die Umgebung, in der er lebt, auf diverse Weise Einfluss auf ihn hat. Daher ist er dazu übergegangen, diese Umgebung mit besonderen Techniken zu verändern, wie die tradierte Erzählung der Architektur überliefert. Das Flechten von Zweigen oder das Ausheben einer Felsspalte schaffen zwei unterschiedliche Archetypen: die Hütte und die Höhle. Seit jeher scheint die Architektur von diesem Dualismus geprägt: «[...] begannen in dieser Gemeinschaft die einen, aus Laub Hütten zu bauen, andere, am Fuss von Bergen Höhlen zu graben; einige ahmten auch die Nester der Schwalben nach und stellten aus Lehm und Reisig Behausungen her, um dort unterzuschlüpfen. Dann beobachteten sie die Behausungen der anderen, fügten durch eigenes Nachdenken Neuerungen hinzu und schufen so von Tag zu Tag bessere Arten von Hütten.»[16]

Es zeigt sich sofort, dass die Materie und damit die Technik eine bedeutsame Rolle hinsichtlich der Qualität der vom Menschen geschaffenen Umgebung spielen. Doch der Mensch verleiht etwas anderem einen höheren Wert: Mittels einer Anmassung (*hybris*) beherrscht er die Technik (und nicht umgekehrt), über den Ritus eignet er sich die natürliche, heilige Umgebung an, wobei der Ritus Abstraktion bedeutet: Wiederholung ein und desselben Verfahrens unabhängig von den praktischen und zufälligen Bedingungen, um erneut eine Verbindung mit dem Ideal herzustellen.

Damit entsprechen die beiden Archetypen des Bauens, der Festlegung eines menschlichen Lebens- und Wohnraums, zwei verschiedenen Arten, Raum und Architektur aufzufassen. Beide tendieren jedoch dazu, dank der Realitätsanforderung der äusseren Bedingungen zu einer kompatiblen Synthese zu kommen: Das Klima und die Ressourcen sind diesbezüglich die wichtigsten Elemente, die zu immer komplexeren kulturellen Symbolen werden.

mud and sticks. Then observing the cabins of others and applying their refinements or creating new ones through their own inventive spirit, they gradually made better and better dwellings."[16]

It is immediately clear that the material, and therefore the technique, plays an important role in the quality of the environment created by man. But man assigns a higher value to something else: Through "arrogance" (hubris) he takes charge of technique, refusing to submit to it; through "ritual", he enacts the appropriation of the natural, sacred environment. And ritual is abstraction: the repetition of the same procedure, independent of the practical and contingent conditions, precisely to restore a connection with the ideal.

Therefore two archetypes of construction, of determining a vital inhabitable space for man, correspond with two different ways of thinking about space and architecture that, however, tend to reach a compatible synthesis through the constraint of reality, of the external conditions: climate, resources, taken as constituent elements, to the point of making them increasingly complex cultural symbols.

The two archetypes of the cave and the clearing generate two types of architectural space: connected, structured, inseparable space that spreads inwards; autonomous, indifferent, open space that spreads outwards. Uwe Schröder sees them as parts of a single process, and this makes him immune to possible misunderstandings.

The space as a clearing – like the other approach, the space as a cave – reduces the material substrate to an "imprint", and is regarded as an ideal right of architecture, since it recalls the connection that every architectural experience positions between being recognised (as a person) and being enclosed (architecture as a physical limitation).

The constituent aporia of architecture is clearly revealed. The dichotomy between use and perception generates the two threads of architecture Uwe Schröder identifies in the creation of spaces, on the one hand, and architecture aimed at the constitution of volumes on the other.

In positive terms we can identify two themes, *order as structure* (space) and *perception as an event* (existence), as ways of structuring the form.

Uwe Schröder's architecture and thought seem to come down to one question: Why does man require the concept of space – or any of the concepts he has tried to define since the very beginning, by thinking of himself and the world?

For Uwe Schröder, we might conclude, the implicit answer is that architecture can be considered a symbolic form – and here there is certainly a possible response to the fundamental aporia – which derives this status from its link with spatial ideas. In the past, regarding Uwe Schröder, I have found myself quoting from Ernst Cassirer, who stated, "when

Die beiden Archetypen Höhle und Lichtung generieren zwei Typen des architektonischen Raums: den verbundenen, strukturierten und untrennbaren Raum, der sich nach innen orientiert – und den autonomen, indifferenten und freien Raum, der sich nach aussen projiziert. Uwe Schröder verwendet beide in einem einzigen Prozess, um damit etwaigen Missverständnissen aus dem Weg zu gehen.

Der Raum als Rodung – wie auch der Raum als Höhle – reduziert die Materialität vollständig auf seine «Prägung». Es gehört zum idealen Vorrecht der Architektur, jene Verbindung in Erinnerung zu rufen, die jede architektonische Erfahrung zwischen dem Erkannt-Werden (als Mensch) und dem Eingeschlossen-Sein (die Architektur als physische Begrenzung) positioniert.

Die konstitutive Aporie der Architektur zeigt sich ganz deutlich. Die Dichotomie zwischen Nutzung und Wahrnehmung erzeugt die beiden Richtungen der Architektur, die Uwe Schröder einerseits in der Schaffung von Räumen und andererseits in einer Architektur erkennt, die zur Schaffung von Volumen bestimmt ist.

Positiv ausgedrückt können wir zwei Themen erkennen: die Ordnung als Struktur (der Raum) und die Wahrnehmung als Ereignis (Dasein) zur Strukturierung der Form. Es scheint, als liefen die Architektur und das Denken Uwe Schröders auf eine Frage hinaus: Warum benötigt der Mensch das Konzept des Raums? Oder eines dieser Konzepte, die er seit jeher zu definieren sucht, indem er an sich und die Welt denkt? Für Uwe Schröder besteht die implizite Antwort darin, so könnten wir schlussfolgern, dass die Architektur als symbolische Form betrachtet werden kann – hier gäbe es sicherlich eine mögliche Antwort auf die grundlegende Aporie –, die sich der Verbindung mit den Ideen des Raums verdankt. Bereits an anderer Stelle habe ich Ernst Cassirer zu Uwe Schröder zitiert: «Wenn wir den Dingen im Raume eine bestimmte Grösse, eine bestimmte Lage und eine bestimmte Entfernung zusprechen, so sprechen wir damit kein einfaches Datum der Sinnesempfindung aus, sondern wir stellen die sinnlichen Daten in einen Relations- und Systemzusammenhang ein, der sich zuletzt als nichts anderes denn als ein reiner Urteilszusammenhang erweist. Jede Gliederung im Raume setzt eine Gliederung im Urteil voraus [...].»[17]

Die Architektur der Räume ist daher nicht die wiederholte Abstraktion im Namen des Raums, die zur Sterilität oder zur vorbehaltlosen Verbreitung formaler Hypothesen verurteilt ist, sondern die einzig mögliche Antwort, mit deren Hilfe der Homo Faber sein eigenes Schicksal interpretieren kann – sich auf rationale Bestimmungen, konstituierende Gesetze und organische Implikationen stützend, die den menschlichen und sozialen Charakter garantieren.

we attribute to things in space a given magnitude, a given position and a given distance, we are not expressing a simple datum of sensation, but inserting perceptible data in a relational and systematic connection, which in the end proves to be nothing more than a pure connection of judgment. Any ordering in space implies an ordering in judgment..."[17]

The architecture of spaces is therefore not the umpteenth abstraction in the name of space, condemned as such to sterility or the unbridled proliferation of formal hypotheses; it is the only possible response with which *homo faber* can interpret his own fate. It is based on the rational determinations, constituent laws and organic implications that ensure his human and social character.

Massimo Fagioli (*1961) lehrte von 1991 bis 2002 am Department für Architektur an der Universität Florenz. Seit 2002 ist er Chefredakteur der internationalen Architekturzeitschrift «AIÓN». Unter seinen Publikationen: «Idea del sacro» (2009); «Teoria e progetto. Architettura e pensiero alle soglie del moderno» (2012).

Massimo Fagioli (born in 1961) taught at the Department of Architecture of the University of Florence between 1991 and 2002. Since 2002, he has been Editor in Chief of the international architecutral journal "AIÓN". His publications include: "Idea del sacro" (2009); "Teoria e progetto. Architettura e pensiero alle soglie del moderno" (2012).

Ausstellungsbeitrag *This is modern*: Deutsche Werkbund Ausstellung Venedig 2014, Deutscher Pavillon, Tafel XII/XII

Contribution to the exhibition *This is modern*: German Werkbund exhibition Venice 2014, German pavilion, plate XII/XII

Haus am Cöllenhof, Bonn

Projekt/Project: 1999–2002
Mitarbeit/Collaboration:
Stefan Dahlmann, Till Robin
Kurz, Stefanie Schmand

Im Haus am Cöllenhof ist der Hof sowohl der Stadt als auch dem Haus zugeordnet, er vermittelt zwischen beiden und ist im Baukörper als eigenständiges Element klar ablesbar.

Das bauliche Umfeld des Hauses weist ein recht unentschiedenes Erscheinungsbild auf: Hier trifft die Kleinteiligkeit des historischen Ortskerns auf eine durch Solitäre vollzogene Weitung des Gefüges. Im Nordosten des Grundstücks tut sich eine Fläche auf, die zwar als Platz benannt ist, aber aufgrund ihrer Funktion als Verkehrskreuzung und ihrer ausbleibenden Belebung vielmehr als Leerstelle zu bezeichnen wäre. Um sie herum lagerten sich einige grössere Bauten ab, die kaum gedacht waren, den weitläufigen Raum zu fassen. Mit dem Haus am Cöllenhof hat der Architekt einen ordnenden Eingriff vorgenommen.

Das Gebäude erhebt sich in einer dreifachen Staffelung auf quadratischer Grundfläche. Neben den eingeschossigen Wänden des Hofs steigt im Südosten ein dreigeschossiger Riegel empor, der im Westen von einem fünfgeschossigen Turm überragt wird. So entwickelt sich ein mehrfach gegliederter Baukörper, der durch die Komposition der Höhen auf sein bauliches Umfeld reagiert und diesem zugleich einen neuen Bezugspunkt gibt. Als markanter Körper definiert er eine Begrenzung des weitläufigen Platzes im Nordosten, und zugleich erweitert er den Stadtraum durch den Hof im Inneren. Alle Wohnungen des Hauses, die Räume des Individuellen, sind indirekt von dort aus erschlossen, sodass sich dieser Raum als Schnittstelle von Stadt und Haus zu erkennen gibt.

Das Gebäude etabliert zeichenhaft einen eigenen Ort, und ebenso ordnet es sein städtisches Umfeld neu. Der zuvor unorientierte Platz, dessen diffuse Raumwand sich eher zufällig zusammenfand, erhält mit dem Haus am Cöllenhof einen eindeutigen Richtungsbezug. Und in dessen Hof findet der Platz eine anschauliche Spiegelung seiner eigentlichen Bestimmung: nicht Leerfläche in der Stadt, sondern gemeinschaftlicher Raum von vielen zu sein.

In the Haus am Cöllenhof, the courtyard is orientated towards both the city and the house. It mediates between the two and is clearly legible in the building volume as an independent element.

The building's environment has a rather heterogeneous appearance: The small-scale buildings in the historical centre of the district of Endenich meet free-standing developments as a result of expansive measures. To the north east of the property, an area opens out that is called a square, but should rather be described as an open space or a void due to its function as a traffic junction without any vitalisation. Around it, a number of larger buildings have been scattered with hardly any consideration of framing the wide open space. The architect undertakes such an ordering measure with the Haus am Cöllenhof.

The building rises up in three staggered steps from its square footprint. Beside the closed walls of the courtyard, a three-storey block ascends to the south east, while a five-storey tower to the west looks down upon it. The different sections of the building develop in this way, allowing the composition of heights to react to its developed surroundings, while also giving it a new point of reference. The striking building defines a limit to the wide open square to the north east and also extends the urban space through the courtyard within. All of the building's apartments, the rooms of individuals, are indirectly accessed from there, making the space the visible mediator between the city and the home.

The building is symbolic in establishing its own space, while also recognising its urban environment. The formerly disorientated square, with spatial limits that were rather coincidental, is given a clear referential direction by the Haus am Cöllenhof. The building's courtyard is an attractive reflection of the square's actual purpose: not as an empty space in the city, but as a communal space for many people.

1.–2. Obergeschoss, 3.–4. Obergeschoss / 1st–2nd floor, 3rd–4th floor

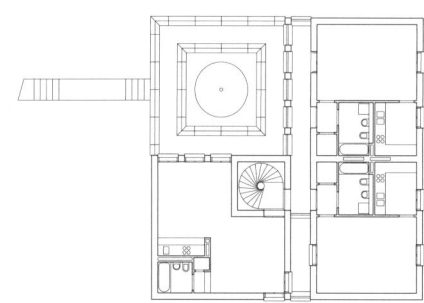

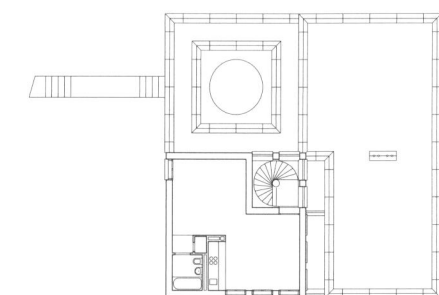

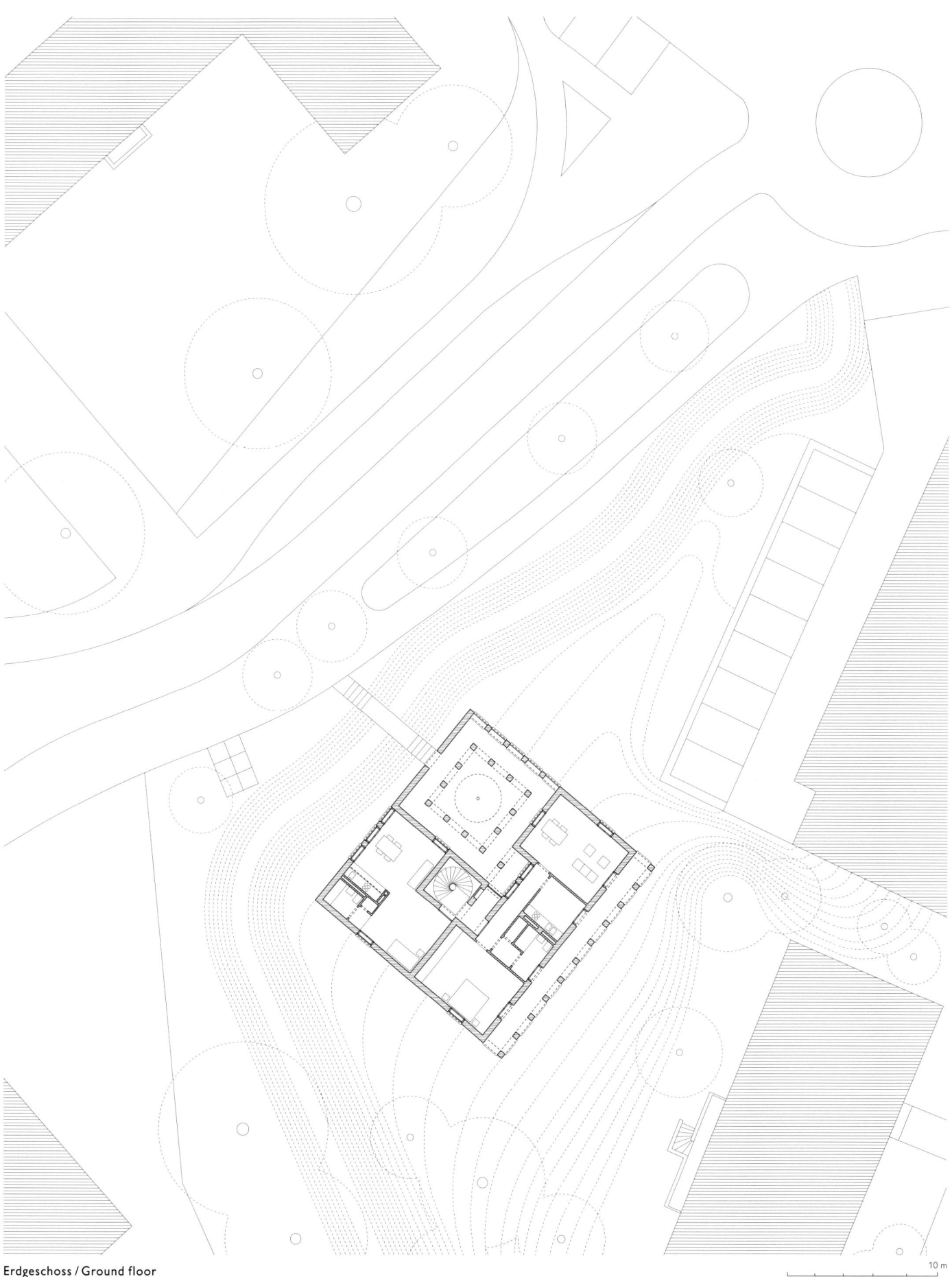

Erdgeschoss / Ground floor

10 m

17

Wohnhöfe Auerberg, Bonn

Projekt/Project: 1998–2003
Mitarbeit/Collaboration:
Stefan Dahlmann, Till Robin
Kurz, Stefanie Schmand

Die Wohnhöfe Auerberg begründen ein exemplarisches Stück Stadt. Hier wird Stadt als Abfolge und Kodierung von Räumen verstanden, und die im Entwurf angelegten zentralen Höfe führen mit ihrer Dimension einen städtischen Massstab in das Ensemble der Häuser ein.

Eine städtebauliche Ordnung ist in der Nachbarschaft der Wohnhöfe kaum zu finden. Grosse Bauten wechseln sich ab mit kleinen, frei stehende mit Reihenhäusern. Ein vor wenigen Jahren errichtetes Stadtteilzentrum bemüht sich, zumindest dem Namen nach, eine Mitte zu definieren. Die willkürlichen Massstabssprünge der Bauten zeigen allzu deutlich, dass ein stadtplanerischer Konsens an dieser Stelle fehlt. Die Wohnhöfe Auerberg führen eine eigene, übergreifende Ordnung in dieses konfuse Konglomerat ein. Dass dabei der in der Nachbarschaft verbreitete Reihenhaustypus zur Anwendung kommt, ist weniger Zitat des Vorgefundenen als vielmehr Erprobung einer alternativen Anwendung dieses Bautyps.

Um zwei quadratische Höfe gruppieren sich insgesamt 40 zweigeschossige Häuser, wobei jeweils 20 – fünf an jeder Seite – windmühlenartig einen Hof einfassen. Die auf diese Weise definierten Gemeinschaften wenden sich dem jeweiligen Hof als Zentralraum zu; von dort aus werden sämtliche Wohnungen erschlossen, und dorthin richtet sich mit der Wohnküche jeweils der halb öffentliche Raum der Wohnungen. So konturieren die Häuserreihen im Äusseren einen klaren Raum. In deren Innerem ordnen sich in jedem Geschoss zwei Räume gleichen Zuschnitts um einen Erschliessungskern: die hofseitig angeordnete Wohnküche und auf der dem Hof abgewandten Seite ein Wohnraum im Erdgeschoss, im Obergeschoss zwei weitere Wohn- respektive Schlafräume.

Die Wohnhöfe Auerberg führen eine mögliche Alternative zur unräumlichen und individualistischen Landnahme vor Augen: Das zentrale Entwurfsmotiv, die Rotation der Reihenhäuser um gemeinsame Höfe, demonstriert eine ebenso raum- wie gemeinschaftsbildende Anwendung dieses Haustyps.

The Wohnhöfe Auerberg form an exemplary piece of urban development. Here, the city is regarded as a sequence and coding of spaces, and the central courtyards organised in the design introduce an urban scale to the ensemble of buildings through their dimensions.

An urban planning order can rarely be found in the neighbourhood of the residential courtyards. Large buildings alternate with small ones, detached buildings with terraced housing. A local centre for the quarter that was developed a few years ago attempts to define at least a nominally central location. But the buildings' arbitrary leaps of scale make it all too clear that an urban development consensus does not exist there. The Wohnhöfe Auerberg introduce their own overriding order in this confused conglomerate. The fact that the terraced housing type is used, which is already prevalent in the neighbourhood, is less a reference to the existing buildings and more the attempt at an alternative mode of using that building type.

A total of 40 two-storey buildings are grouped around two square courtyards, whereby 20 – five on each side – frame each courtyard like windmill sails. The communities defined in this way face the relevant courtyard as a central space; all apartments are accessed from here and the apartments' semi-public areas, the eat-in kitchens, are orientated towards them. In this way, the rows of houses externally outline a clear space. Inside on each floor, two rooms with the same dimensions are ordered around the central staircase: the eat-in kitchen facing the courtyard and a living room on the ground floor facing away from it, plus two further living rooms or bedrooms on the upper floor.

The Wohnhöfe Auerberg introduce a possible alternative to the widespread individualistic development of land without creating spaces: The central design motif, namely rotating terraced houses around a common court, demonstrates the application of a housing type that both creates space and strengthens the community.

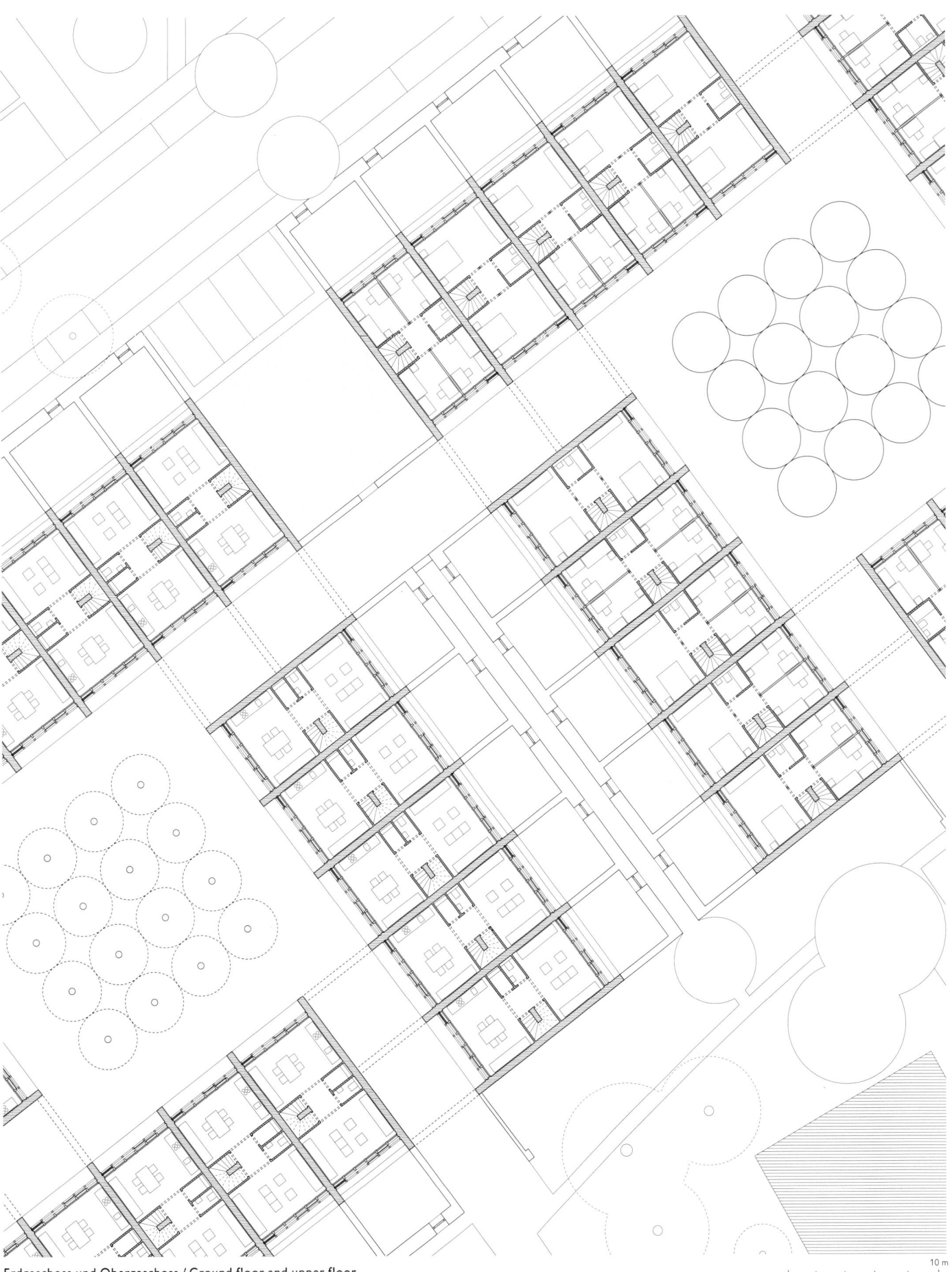

Erdgeschoss und Obergeschoss / Ground floor and upper floor

10 m

Haus Hundertacht, Bonn

Projekt/Project: 2000–2007
Mitarbeit/Collaboration:
Stefan Dahlmann, Till Robin
Kurz, Stefanie Schmand

Im Haus Hundertacht findet der Raum in seiner aus der Stadt heraus motivierten Stufenfolge von Platz zu Zelle eine ideelle Ordnung.

In der Umgebung des Hauses haben die Wohnbauten, frei stehend oder gereiht, strassenbegleitend Aufstellung gefunden. Durch die Hanglage erfahren die Häuserreihen eine dem Gelände folgende Terrassierung. Mit der axialen Bezugnahme des Entwurfs auf das höher am Hang gelegene Haus Clement, durch welche das Haus Hundertacht um ein Weniges von der Strassenflucht abweicht, wird dieser Struktur eine zweite Ordnung überlagert. Die Geschwisterhäuser beziehen sich als Ensemble aufeinander.

Ein mit Klinker belegter Vorplatz markiert den Übergang vom öffentlichen Raum der Strasse zum Raum des familiären Wohnens. Vom Vorplatz führt eine in der Mittelachse des Hauses verlaufende Passage über einige Stufen in den zentralen Wohnraum des Hauses, der sich über die gesamte Gebäudebreite erstreckt und an beiden Seiten von Terrassen erweitert wird. In den beiden Obergeschossen des nach Südwesten hin abgetreppten Hauses sind die Schlafräume untergebracht. Doch führt die Treppe weiter nach oben: zu einem *studiolo*, das dem Aufenthalt und der Arbeit einer einzelnen Person vorbehalten ist. Dieser Raum des Einzelnen, am Ende des Weges gelegen, ist zugleich der kleinste Baustein der Stadt.

Das Bild der Stadt im Haus erscheint im Haus Hundertacht zum einen mithilfe der durchgängigen Materialität des Klinkers, der sich vom Ausschnitt des Stadtbodens am Vorplatz über den inneren Verkehrsweg im Erdgeschoss und den zentralen Wohnraum bis zu den Gartenterrassen zieht; zum anderen erscheint es in der Variation des «städtischen Platzes» und in der Raumhierarchie. Dies führt zur intensiveren Kenntnisnahme des Motivs: Das Bild des öffentlichen Platzes erscheint im Wohnraum des Hauses, dem sich die umfassenden Wände wie Strassenfassaden umliegender Häuser zuwenden, und der Weg innerhalb des Hauses führt von der Gemeinschaft zum Einzelnen – und umgekehrt.

In the Haus Hundertacht, space receives its conceptual order in the sequence of steps from the square to the cell, which is motivated by the city.

In the building's vicinity, housing – both detached and in rows – follows the line of the street. The location on a sloping terrain produces terraces along the housing rows that follow the topography. A second order is imposed onto this structure through the design's axial reference to Haus Clement, which is situated higher up the slope and which requires Haus Hundertacht to shift away slightly from the line of the street. The sister buildings refer to each other as an ensemble.

A brickwork forecourt marks the transition from the public space of the street to the area of family living. From the forecourt, a path along the central axis of the building leads to some steps and on to the building's central living room, which stretches through the entire breadth of the house and is extended by terraces on both sides. The bedrooms are accommodated on both upper floors of the building, which is stepped towards the south west. The stairs continue further up, however: to a *studiolo* that is reserved for individuals to withdraw to for solitary work. That personal space situated at the end of the walkway is also the smallest unit of the city.

The image of the city in the house appears in Haus Hundertacht through the uniform material of brickwork, which stretches from the incision into the urban floor at the forecourt to the inner walkway on the ground floor, on to the central living area and finally to the garden terrace. Secondly, it is reflected in the variation of an "urban square" and the spatial hierarchy. This leads to a more intense perception of the motif: The image of the public square appears in the living space of the house, with surrounding, facing walls acting like the street façades of the neighbouring buildings, while the walkway inside the house leads from the community to the individual – and vice versa.

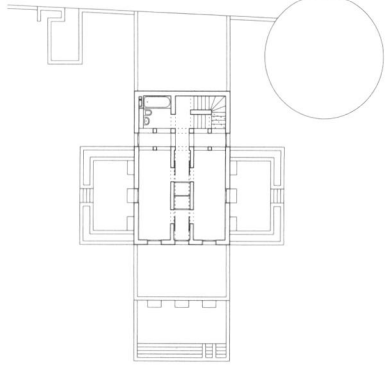

2. Obergeschoss / 2nd floor

1. Obergeschoss / 1st floor

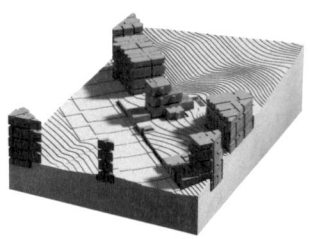

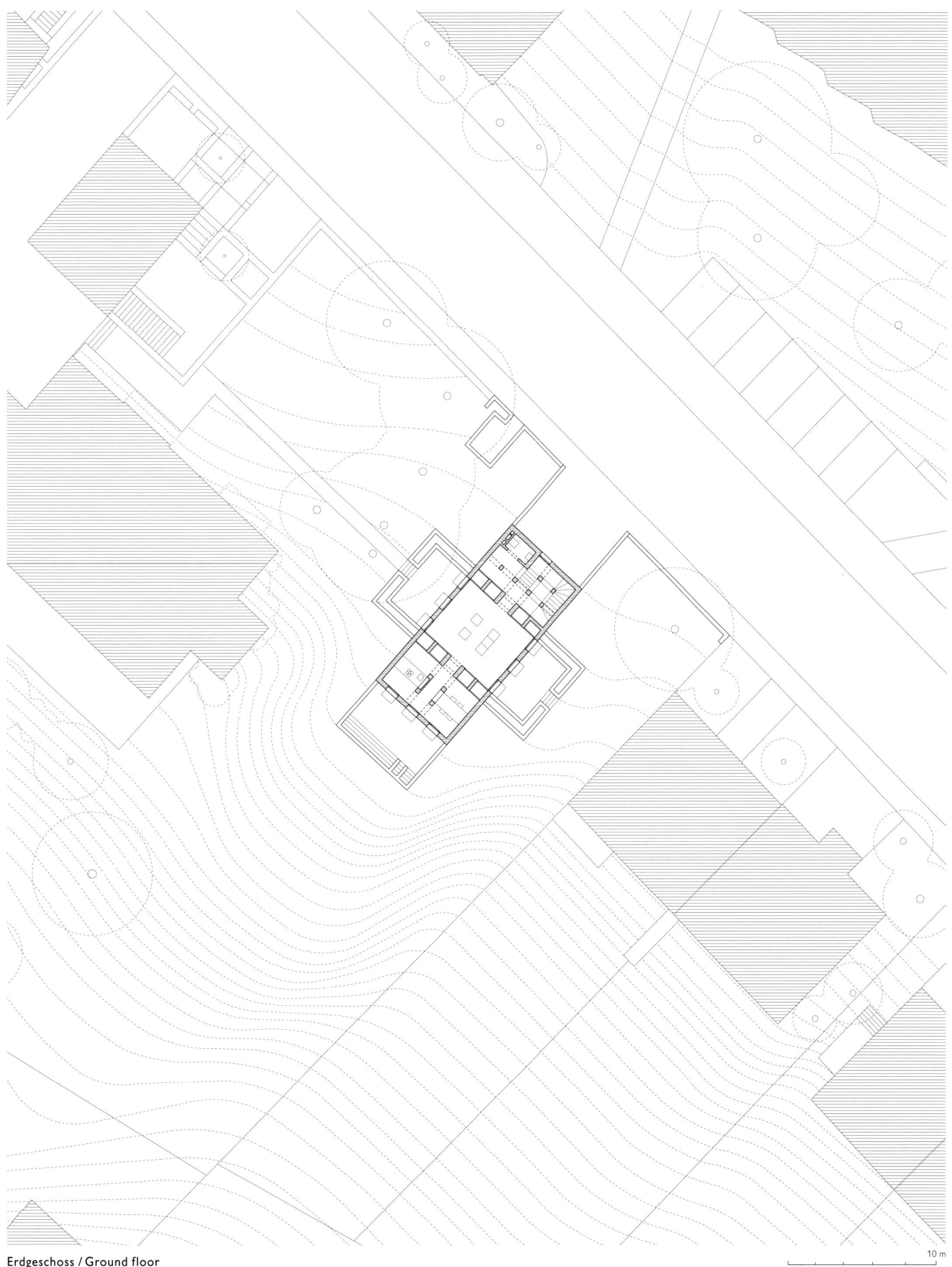

Erdgeschoss / Ground floor

10 m

29

Prager Höfe, Bonn

Projekt/Project: 2004–2009
Mitarbeit/Collaboration:
Stefan Dahlmann, Helga Müller

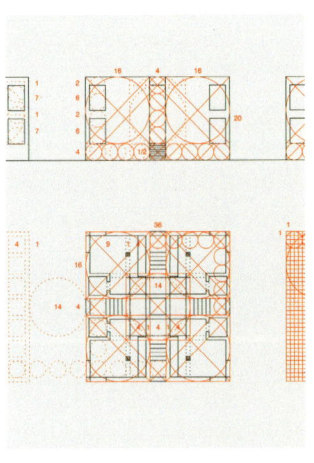

Proportionale Korrespondenz
der Räume, Postkarte 2006

Proportional correlation of
spaces, postcard 2006

Die Prager Höfe stellen ein idealtypisches Wohnmodell für Alleinstehende dar. Sie sind Studienobjekte individueller Lebensentwürfe, angesiedelt in der Peripherie der Stadt.

Der Bonner Stadtteil Auerberg weist eine breite Palette der besonders in den Nachkriegsjahren erprobten Bautypen auf, wobei der Typus des Zeilenhauses vorherrscht. Daneben setzen einige Punktbauten Höhendominanten. In anspruchslosen Wohnhäusern aus neuerer Zeit finden sich weitere frei stehende Bauten. In diesem Kontext etablieren die Prager Höfe ein Stadtmodell eigener Ordnung: Der Hof, eine Übersetzung des Platzes in den Massstab des Hauses, bindet alle Häuser zu einer autarken Einheit und verknüpft sie zugleich mit dem umgebenden Raum.

Die Hofhäuser entwickeln sich jeweils auf quadratischem Grundriss, wobei der im Vergleich zum Strassenniveau erhöhte Hof von vier über Eck angeordneten Baukörpern umringt ist. Dessen Enthebung unterstützt die Idee der Privatisierung des über Freitreppen zu erschliessenden Bereichs, der zudem das Zentrum der vier Häuser verkörpert. In ihren Obergeschossen bergen diese jeweils eine Wohnung; analog zur sukzessiven Privatisierung des Äusseren durch Erhöhung des Hofs ist im Erdgeschoss der öffentliche Bereich der Wohnung angeordnet, im Obergeschoss finden sich die privaten Räume. Unterhalb des Hofs wiederholt sich das Motiv der gemeinschaftlichen Mitte in Form eines nutzungsneutralen Raums, der den Bewohnern der Häuser vorbehalten bleibt.

Mit den benachbarten Wohnhöfen Auerberg treten die Hofhäuser durch ihre Materialität, aber auch ideell in einen Dialog. Jene räumen ebenso ein Wohnmodell ein, das auf dem Miteinander einzelner, um gemeinsame Höfe gruppierter Wohneinheiten basiert. Ist dort der Fokus auf die Variation des Reihenhausmodells gelegt, so bieten die Prager Höfe ein alternatives Modell für das Wohnen Alleinlebender, bei dem jedem Bewohner innerhalb seiner Wohngemeinschaft ein eigenes Haus zugeordnet ist. Der Einzelne ist hier sichtbarer Teil der Stadt.

The Prager Höfe represent an ideal residential model for single occupancy. They are studies on individual lifestyles located on the city's outskirts.

The Bonn district of Auerberg has a broad range of building types, mostly built after the war, the most common of which is terraced housing. A number of individual point block buildings dominate due to their height. The unassuming residential buildings of recent times include detached buildings. In that context, the Prager Höfe establish an urban model of their own order: The courtyard, a translation of the square to the scale of the house, binds each of the houses to a self-sufficient unit and also connects it to the surrounding space.

Each of the courtyard buildings develops on a square ground plan, whereby the courtyard is raised compared to the street level and surrounded by four buildings that are arranged around its corners. The raising of the courtyard supports the idea of the privacy of this area accessed via the exterior stairs, which also represent the core of the four buildings. On the upper floors, these each accommodate one apartment. In accordance with the gradually increasing privacy created by the heightened courtyard, the public areas of each apartment are organised on the ground floor, while the upper storey accommodates the private rooms. Beneath the courtyard, the motif of the communal centre is repeated in the form of a space for undefined utilisation, which is reserved for the buildings' residents.

The courtyard buildings enter into a dialogue with the neighbouring Wohnhöfe Auerberg through their materials and also in terms of their concepts. They permit a living model based on the togetherness of individual living units grouped around common courtyards. While the Wohnhöfe Auerberg focus on varying the terraced housing model, the Prager Höfe offer an alternative model for housing for singles, in which each resident is allocated his/her own home within the residential community. Here the individual is a visible part of the city.

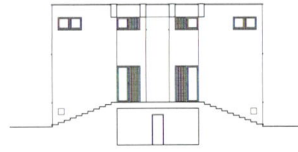

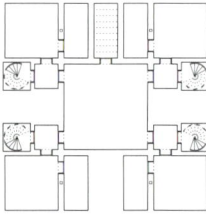

Untergeschoss/Basement

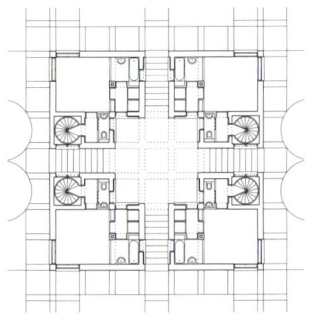

Obergeschoss / Upper floor

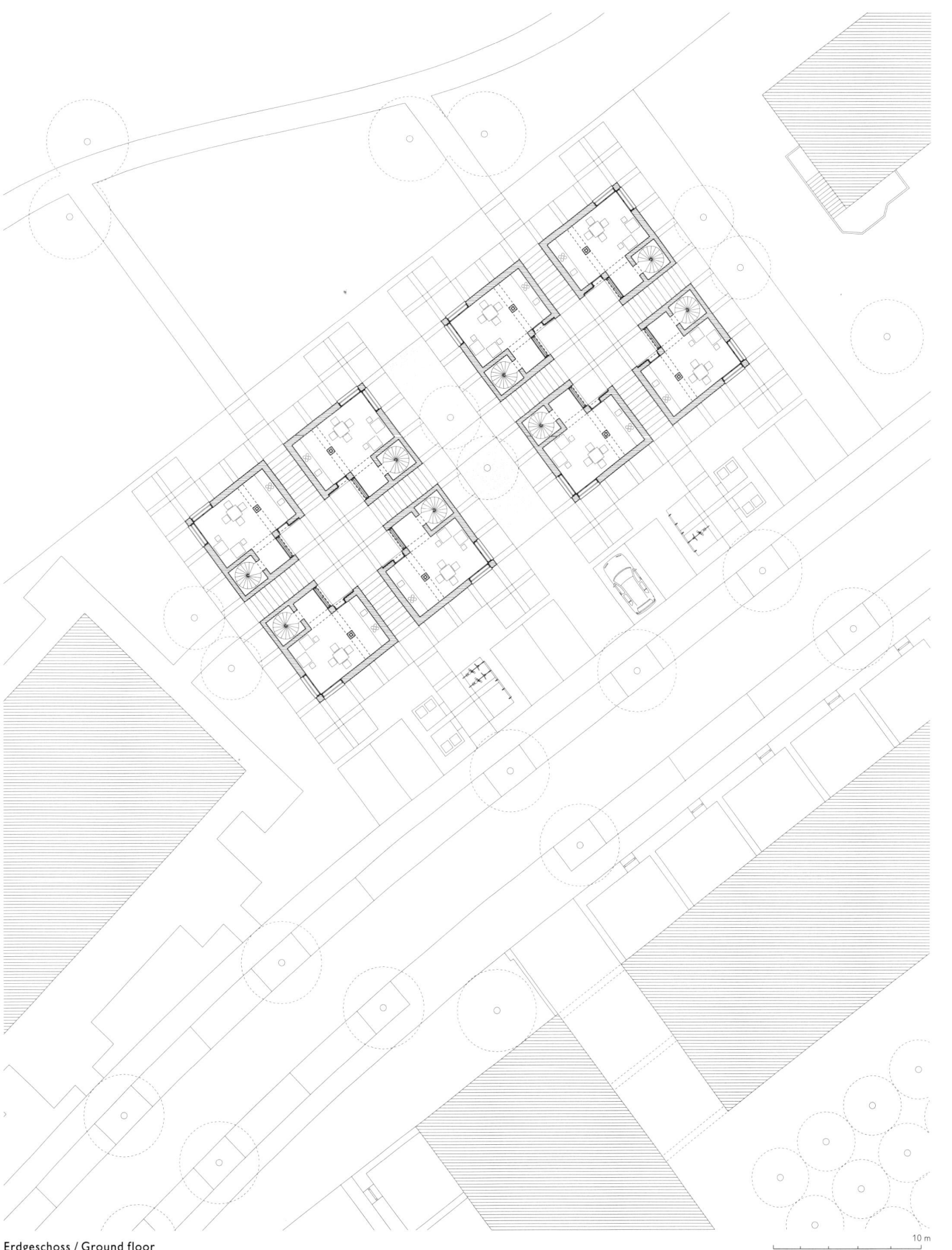

Erdgeschoss / Ground floor

10 m

35

Haus auf der Hostert, Bonn

Projekt/Project: 2000–2007
Mitarbeit/Collaboration:
Stefan Dahlmann, Till Robin Kurz,
Helga Müller, Christoph Rütter

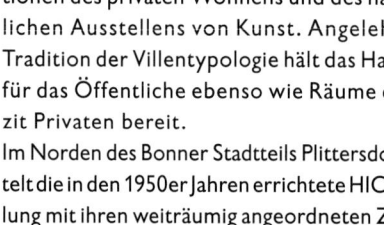

Im Haus auf der Hostert vereinen sich die Funktionen des privaten Wohnens und des halb öffentlichen Ausstellens von Kunst. Angelehnt an die Tradition der Villentypologie hält das Haus Räume für das Öffentliche ebenso wie Räume des explizit Privaten bereit.

Im Norden des Bonner Stadtteils Plittersdorf vermittelt die in den 1950er Jahren errichtete HICOG-Siedlung mit ihren weiträumig angeordneten Zeilenbauten zwischen dem Rheinauenpark und der übrigen, meist kleinteiligen Bebauung. Im Osten, unmittelbar dem Rhein zugewandt, finden sich einige Villen. Auch das Haus auf der Hostert ist zum Fluss orientiert. Seine Eingangsfassade verschliesst sich im Westen, mit Ausnahme zweier präzise in der Mittelachse des Hauses gesetzter Öffnungen, im Osten jedoch öffnen sich die Wohnräume über die gesamte Breite des Gebäudes und geben den Blick auf Rhein und Siebengebirge frei. Auch ist dort der Baukörper, der sich der Strasse mit einer exakt quadratischen Ansichtsfläche zuwendet, durch Abtreppungen und Kolonnaden plastisch gestaltet.

Der Betonung der Mittelachse folgend, die durch die Öffnungen der Eingangsfassade vorgezeichnet ist, erfolgt die Erschliessung des Inneren über zentrale Hallen in den drei Wohnetagen, die zu beiden Seiten von Anräumen umfasst werden. Sie führen im Osten zu den jeweiligen Wohn- beziehungsweise Schlafräumen. Die ausgesprochen edle Materialität – wie etwa in der vollständig mit Holz verkleideten «Schatzkammer» der Bibliothek – und nicht zuletzt die Tatsache, dass der Architekt hier ebenso für den Entwurf des Mobiliars verantwortlich zeichnet, weisen dem Haus eine besondere Stellung unter seinen Entwürfen zu.

Als Villa modernen Typs steht das Haus auf der Hostert in der Nachfolge jener Bauten, die auch am Ort des grösstmöglichen Rückzugs, im Privaten, das Öffentliche einräumen; das findet seinen Ausdruck in symbolischer Form in der hier versammelten Kunst, die im Dialog mit dem Kulturverständnis ihrer Zeit steht und von dem ihre Werke kaum zu trennen sind.

The Haus auf der Hostert combines the functions of private living and the semi-public exhibiting of art. Inspired by the tradition of a villa typology, the house provides public and explicitly private rooms.

In the northern part of the Bonn district of Plittersdorf, the HICOG estate, which was developed in the 1950s, has expansive rows of housing that mediate between the Rheinauenpark and the remaining, mostly small-scale development. There are a number of villas to the east, directly facing the Rhine. The Haus auf der Hostert also faces the river. The entrance façade to the west is closed apart from two precisely placed openings on the central axis of the building. But to the east, the living rooms open out along the building's entire length and provide views of the Rhine and the Siebengebirge hills. The building volume, which faces the street with an exactly square front view, is sculpturally designed on that eastern side using racking and colonnades.

In line with the focus on the central axis, which is indicated by the openings in the entrance façade, access to the interior is provided via the central hall to the three living floors, which are framed on both sides by adjoining rooms. They lead eastwards to the relevant living room and bedroom. The exceptionally fine materials – such as the "treasure chamber" of the library, which is completely clad in wood panelling – and not least the fact that the architect was also responsible for designing the furniture, give the house a special status among his designs.

The Haus auf der Hostert stands as an example of a modern villa, a successor to buildings that give a public aspect even to rooms that can be used as completely private retreats. That is expressed in a symbolic way in the artworks collected there, which exist in a dialogue with the cultural understanding of their time that can hardly be separated from the works themselves.

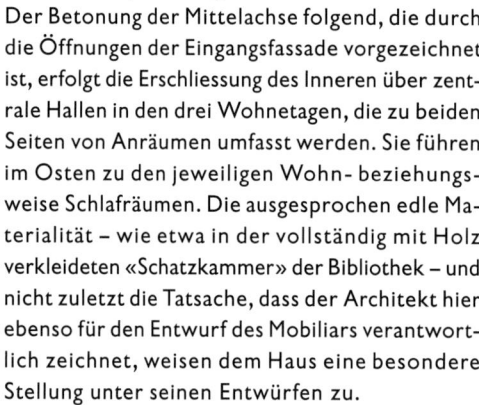

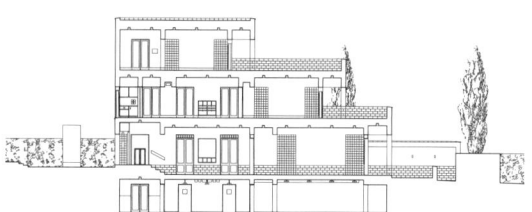

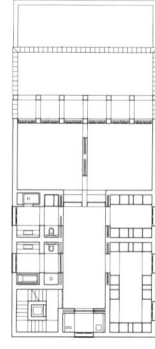

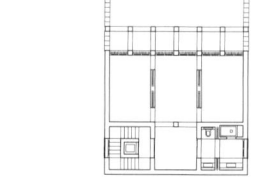

1. Obergeschoss / 1st floor   2. Obergeschoss / 2nd floor

40

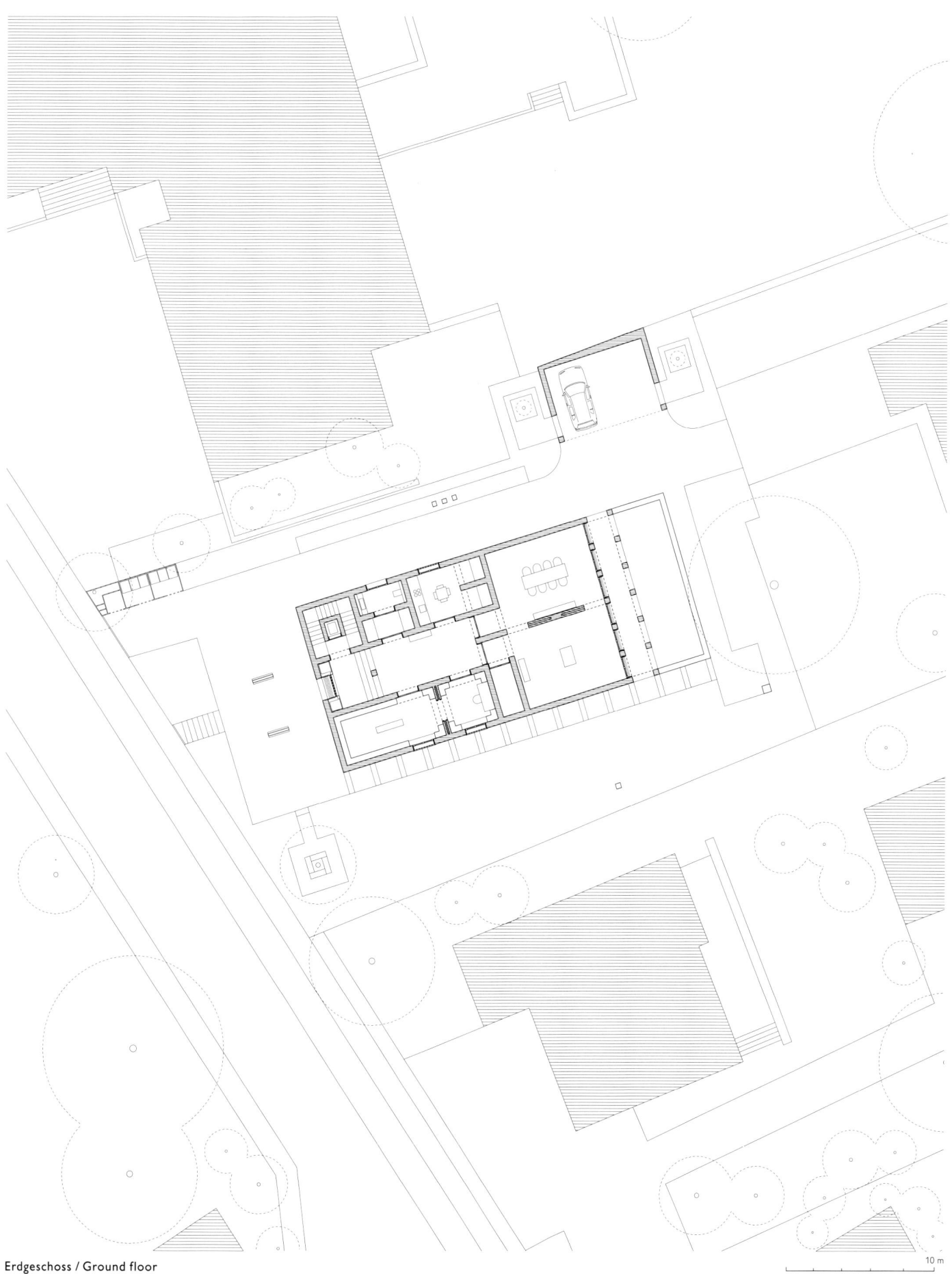

Erdgeschoss / Ground floor

10 m

Haus im Erlengrund,
Sankt Augustin/Bonn

Projekt/Project: 2007–2012
Mitarbeit/Collaboration:
Stefan Dahlmann, Till Robin Kurz

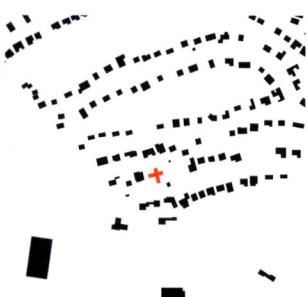
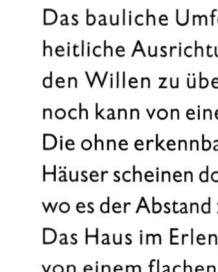

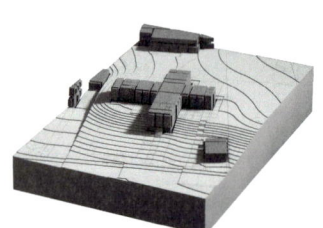
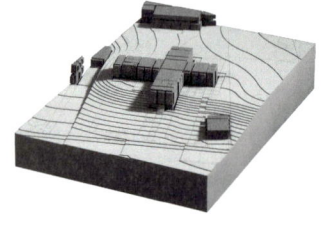

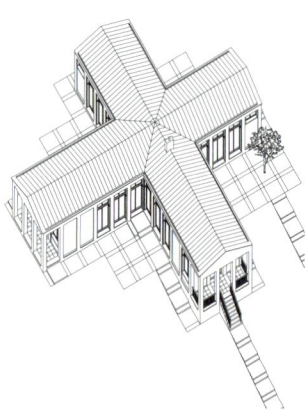

Das familiäre Wohnen findet im Haus im Erlengrund eine originäre bauliche Gestalt. Grundriss und äussere Form sind Abdruck des Lebens, das sich im Haus vollzieht. So entwickelt es sich konsequent von innen nach aussen, aus dem Raum der Familie in den Raum der Stadt.

Das bauliche Umfeld lässt weder durch eine einheitliche Ausrichtung oder Dimension der Häuser den Willen zu übergeordneter Planung erahnen, noch kann von einem Materialkanon die Rede sein. Die ohne erkennbare Inspiration individualisierten Häuser scheinen dort fallengelassen worden zu sein, wo es der Abstand zu Strasse und Nachbar erlaubte. Das Haus im Erlengrund tritt als eingeschossiges, von einem flachen Satteldach gedecktes Gebäude von der Strassenkante zurück. Eine Ordnung findet der Entwurf im quadratischen Feld des Kernbereichs, das von einem Bandraster in neun mal neun Felder geteilt wird. Innerhalb dessen Grenzen sind die Wohnräume des Hauses angeordnet; die Nebenräume ragen asymmetrisch über dieses innere Feld hinaus.

Der Grundriss beschreibt eine Kreuzfigur, wobei die Schenkel des Kreuzes in einem aussermittig gelegenen Kernraum verschnitten sind. Dieser ist der Wohnraum der Familie, an den sich im Süden die Wohnküche und im Westen, Norden und Osten Schlafräume angliedern. Ein offener Kamin zwischen Küche und Wohnraum schreibt diesen Räumen bildlich die Idee der Zusammenkunft ein. Die Flamme als vitruvianisches Motiv der Gesittung, das in Gottfried Sempers Übersetzung im Herd seinen symbolischen Ausdruck finden sollte, ist hier räumliche und ideelle Mitte zugleich.

Der Architekt ging hier zuerst von den Bedürfnissen des familiären Wohnens aus, um zum Entwurf des Hauses zu gelangen; eine Methode, auf die nicht besonders hingewiesen werden müsste, würde andernorts nicht so oft gegen sie verstossen. Beim Haus im Erlengrund ist das durch die Familie praktizierte Zusammenleben, das sich im Grundriss und in der zentrifugalen Anordnung der Bauteile spiegelt, Abbild des Ideals städtischer Gemeinschaft.

The Haus im Erlengrund represents an original structural form for the family apartment. The floor plan and external form reflect the life that exists within the building. The design therefore develops consistently from the interior outwards, from the space of the family to the space of the city.

The location's developed environment gives no impression of any urban plan, both in terms of a uniform alignment and with respect to the buildings' dimensions. Nor can one speak of a canon of materials. The houses, which are individualised without any discernible inspiration, seem to have been dropped wherever the distance to the street and the neighbours permitted. The Haus im Erlengrund, a single-storey building with a flat saddle roof, retreats from the line of the street. The design is ordered by the square of a core area that is divided into a grid with nine by nine segments. The living rooms of the house are organised within those boundaries, while the auxiliary rooms stretch out asymmetrically beyond their inner spaces.

The floor plan has the shape of a cross, its arms merging into an asymmetrically positioned core space. This space is the family's living room, around which the eat-in kitchen to the south and the bedrooms to the west, north and east are aligned. The open fireplace between the kitchen and living room visibly expresses the idea of coming together in those rooms. The flame, a Vitruvian motif of civilisation, as expressed symbolically in Gottfried Semper's translation into a fireplace, represents both the building's spatial and conceptual centre.

The architect primarily considered the requirements of family living to arrive at the design of the building. It is an approach that would not need to be explicitly stated, had that aspect not been ignored so often elsewhere. In the Haus im Erlengrund, communal family life, as expressed by the floor plan and the centrifugal organisation of the building sections, reflects the ideal of urban community.

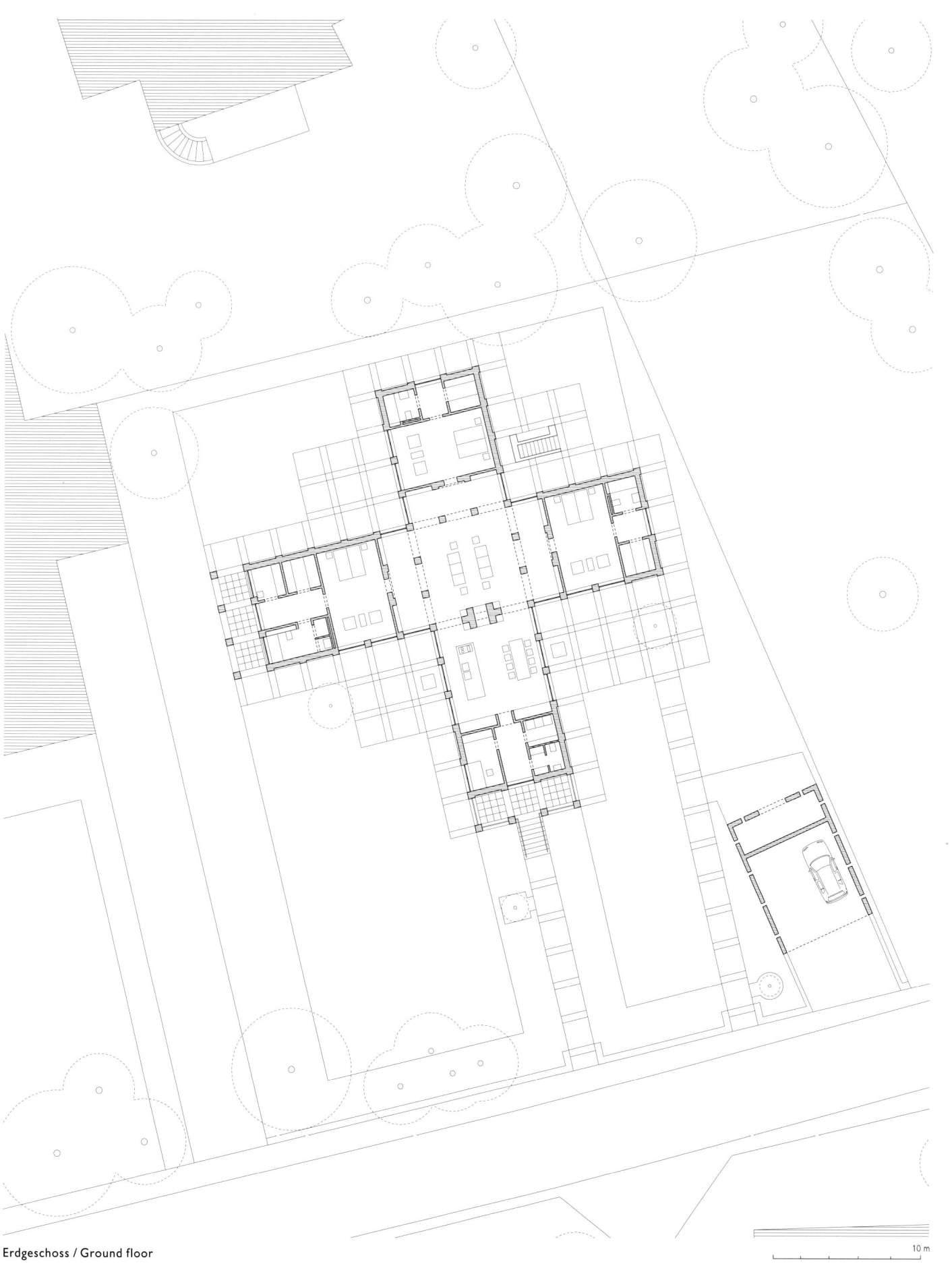

Erdgeschoss / Ground floor

10 m

Galerie- und Atelierhaus, Bonn

Projekt/Project: 2009–2015
Mitarbeit/Collaboration:
Christof Berkenhoff, Matteo Casola,
Stefan Dahlmann, Matthias Hiby,
Till Robin Kurz, Christoph Lajendäcker,
Paolo Marra, Olga Rausch,
Kerstin Rothmann, Luca Sirdone,
Christa Wigger

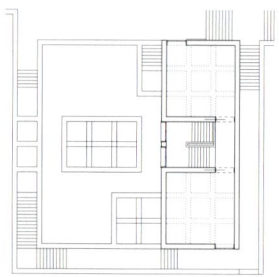

1. Obergeschoss Galeriehaus
1ˢᵗ floor gallery building

Das Galerie- und Atelierhaus an der Lotharstrasse macht das komplexe Gefüge von städtischen Raumtypen als Platz-, Hof- und halb öffentliche sowie private Innenräume wie unter einem Brennglas lesbar.

Das Ensemble befindet sich in der unmittelbaren Nachbarschaft von Haus Hundertacht und sieht sich damit demselben heterogenen Kontext gegenübergestellt, auf den es zuallererst mit einer Kodierung der Aussenräume reagiert. Während sein Nachbarhaus die Idee von Stadt in der inneren Raumfolge abbildet, spannt dieses Häuserpaar, das durch ein in die Mitte genommenes Kurhaus aus dem 19. Jahrhundert zur Trias erweitert wird, einen Platz abseits der Strasse auf. Dieser Platz, dem sich am Galeriehaus teils abgesenkte Innenhöfe angliedern, richtet das Öffentliche zwischen den Häusern ein. Ein Basaltsockel, in den hier und da Sitzbänke eingebunden sind, verschränkt die Bauten miteinander. Er findet sich im Galerie- und im Atelierhaus ebenso wie im Portikus und in der Freitreppe des Altbaus oder im Erdgeschoss des nordwestlich angrenzenden Reihenendhauses – so verschränkt das chthonische Material die Häuser zugleich mit dem näheren Umfeld der Stadt.

Das an die Strasse gerückte Atelierhaus setzt an einer Nahtstelle zwischen geschlossener und offener Bebauung eine Reihe von Wohnhäusern fort, während das Galeriehaus zurückversetzt in den Hang gestellt ist und den Weg ins Innere der Hausgruppe weist. Den Ort der Kunst, der zeichenhaft vom Kragbalken des Lastenaufzugs markiert wird, birgt es in seinem über zwei Geschosse reichenden Ausstellungstrakt. Im zur Strasse hin orientierten Atelierhaus hingegen ist das Private untergebracht, sodass es dem inneren Platz wie eine Art Filter zum Strassenraum hin vorgelagert ist.

Wie auch beim Haus Hundertacht kommt dem Material auf der symbolischen Ebene eine vor allem städtebauliche Aufgabe zu: Im Inneren des Galeriehauses nobilitieren edle Holz- und Steinböden das Ausstellungsgut, doch seine eigentliche Kraft schöpft es im Aussenraum, wo der Sockel die Häuser zusammenbindet und sie mit ihrer Umgebung verwebt.

The gallery and studio buildings at Lotharstrasse make the complex structure of urban spatial types legible as squares, courtyards and semi-public and private interior spaces, as if seen through a magnifying glass.

The ensemble is situated in the direct vicinity of the Haus Hundertacht and is faced with the same heterogeneous context, to which it initially reacts by coding the exterior spaces. While the neighbouring building reflects the idea of the city in the interior sequence of rooms, this pair of houses, which is extended by framing a 19th-century sanatorium at its centre to form a triad, represents a square that is situated away from the street. This square, with partially sunken interior courtyards around the gallery house, accommodates the public life between the buildings. A basalt base, into which benches are integrated here and there, interlocks the buildings with each other. It forms part of the gallery and studio houses, as well as the portico and outside staircase of the old building, and also reaches the ground floor of the adjoining northwestern terrace-end house. In this way, the chthonic material interlocks the buildings with the nearby environment of the city.

The studio building near the street continues a series of residential buildings at a joint between closed and open development, while the gallery building is situated in a more recessed position on the slope, pointing the way towards the centre of the ensemble. Symbolically marked by the cantilever arm of the freight elevator, it accommodates the art location in its exhibition wing on two floors. By contrast, the studio building is orientated towards the street and has more private purposes. It is thereby placed in front of the inner square, acting as a kind of filter towards the street space.

Like the neighbouring Haus Hundertacht, the choice of materials has a symbolic level that above all performs an urban development task: Inside the gallery building, fine wooden and stone flooring ennobles the exhibits, but its actual power is drawn from the exterior space, where the base binds the buildings together and interweaves them with their surroundings.

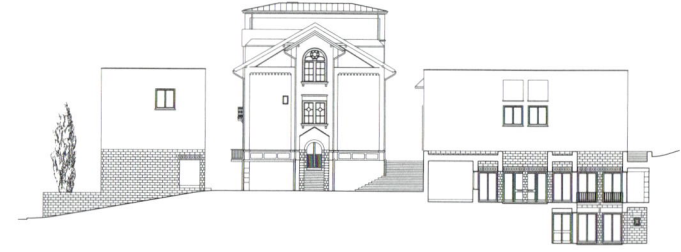

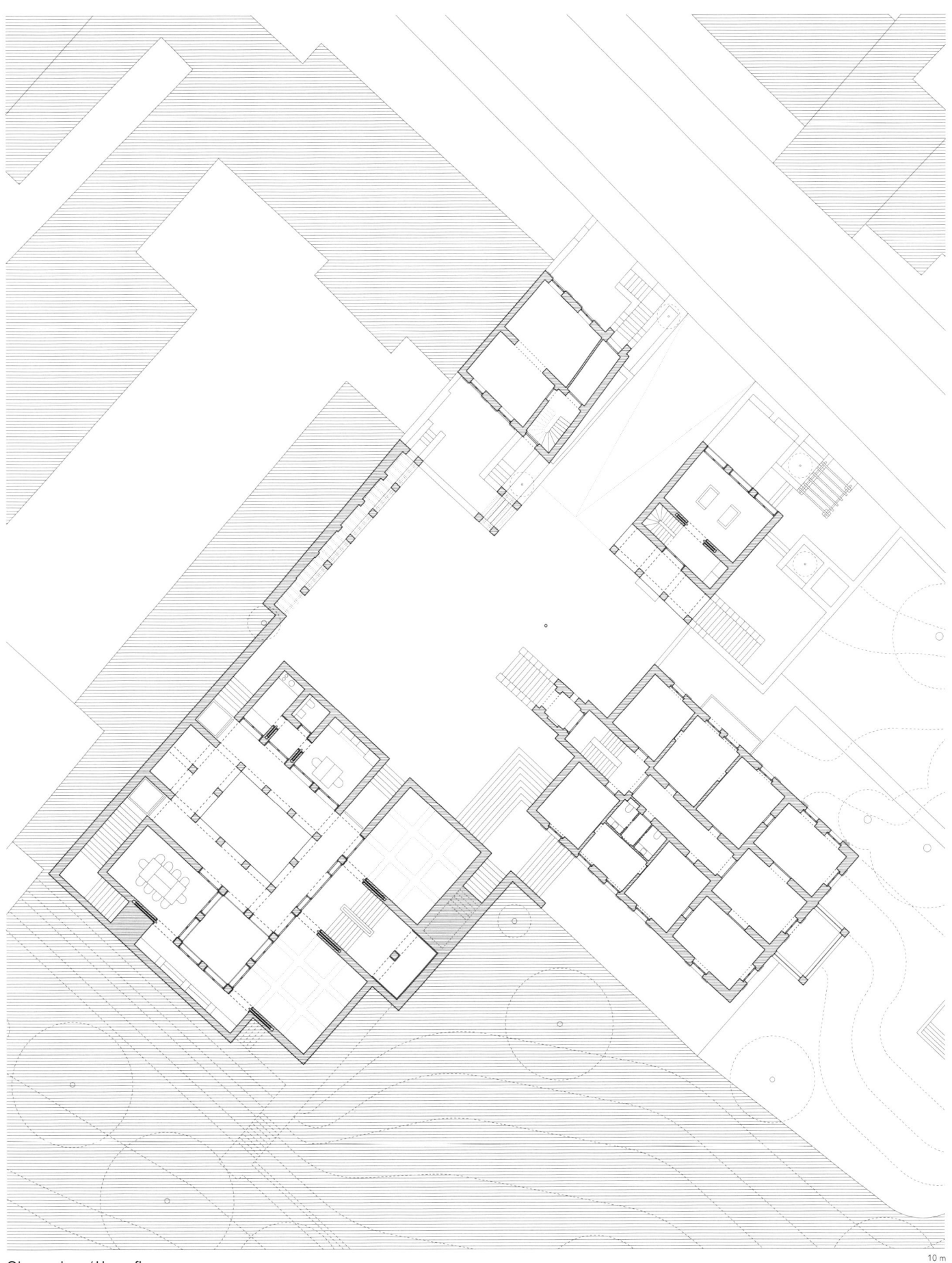

Obergeschoss / Upper floor

10 m

55

Werkverzeichnis / List of Works

Auswahl Bauten, Projekte und Wettbewerbe / Selection of buildings, projects and competitions

1991	- East meets West, Istanbul – Bosporus, Wettbewerb
1992	- Mühlheimer Hafen, Köln, Projekt, in Zusammenarbeit mit G. Kordelas
1993	- Sign of the Future, Graz, Projekt
	- Wohnbebauung Jagdweg, Heimerzheim, Projekt, in Zusammenarbeit mit G. Kordelas
	- Neanderthal Museum Düsseldorf, Wettbewerb, in Zusammenarbeit mit G. Kordelas und Ortner & Ortner
1994	- Belriguardo, Wohnbebauung, Potsdam, Projekt, in Zusammenarbeit mit G. Kordelas
	- Östlicher Altstadtring, Dresden, Wettbewerb, in Zusammenarbeit mit G. Kordelas
1992 – 1994	- Haus Clement, Bonn
1995	- Haus Leeser, Bonn, Projekt
	- Expo 2000, Hannover, Wettbewerb, in Zusammenarbeit mit G. Kordelas und Ortner & Ortner
	- Kratzkopf, Hagen, Wettbewerb, in Zusammenarbeit mit G. Kordelas
	- Holzhofstrasse/Albanstrasse, Mainz, Wettbewerb, in Zusammenarbeit mit P. Diehl
1996	- Werkstätten, Köthen, Projekt
	- Krebelspfad, Köln, Projekt
	- Haus Finke, Bonn, Projekt
	- Rautenstrauch-Joest-Museum, Köln, Wettbewerb
1994 – 1996	- Haus Blömer-Feldmann, Bonn
1997	- Pfarrkirche St. Theodor, Köln, Wettbewerb
	- Grundschule Gunzenhausen, Gunzenhausen, Wettbewerb
1998	- Generaldirektion Deutsche Post AG, Bonn, Wettbewerb
	- Kindergarten St. Peter, Bonn, Projekt
	- Haus Laubacher Trost, Wachtberg, Projekt
	- Haus Peusquens, Wachtberg, Projekt
1999	- B9 Europaplatz-Karavanknoten, Bonn, Wettbewerb
	- Kreuzhof am Trajektknoten/B9, Bonn, Projekt
2000	- Ausbau ifa-Galerie, Bonn, Projekt
	- Wasserbahnhof, Bonn, Wettbewerb
	- Wohnen 2000 – Orte in der Stadt, Bonn, Workshop
	- Erweiterung HfbK, Hamburg, Wettbewerb
	- Gymnasium Crailsheim, Crailsheim, Wettbewerb
1996 – 2000	- Städt. Wohngebäude, Bonn
2001	- europan 6, Nordpark Mönchengladbach, Wettbewerb 4, Mönchengladbach, Wettbewerb, in Zusammenarbeit mit A. Denk
	- Paluccaschule, Dresden, Wettbewerb
	- Wohn-, Werk- und Ausstellungsraum Deboeser, Sinzig, Projekt
	- Haus am Friedensplatz, Dresden, Projekt
2002	- Neue Mitte, Stadtteilzentrum Auerberg, Bonn, Projekt
	- Prager Höfe, Bonn, Projekt I
	- Städtebauliches Gutachten, Willy-Brandt-Allee, «ehem. Landesvertretung Baden-Würtemberg», Bonn, Projekt
1999 – 2002	- Haus am Cöllenhof, Bonn
2003	- Landhaus bei Uckerath, Uckerath, Projekt
	- Haus IX, Bonn, Projekt
	- Rundling – Wohngebäude Pützchens Chaussee, Bonn, Projekt I
1998 – 2003	- Wohnhöfe Auerberg, Bonn
2004	- Wohnbebauung Pützchens Chaussée, Bonn, Projekt II
	- Milchpavillon Münsterplatz, Bonn, Wettbewerb
2005 –	- Langwarthöfe, Bonn, Projekt
2006	- Haus Kirchner, Bonn, Projekt
2007	- Rheinquartier Brassertufer, Bonn, Wettbewerb
2000 – 2007	- Haus Hundertacht, Bonn
2003 – 2007	- Haus auf der Hostert, Bonn

2006–2007	- Haus Bismarckstrasse, Bonn, Projekt
2008–	- Haus im Burggarten «Domus academicus», Bonn, Projekt
2009	- Heiderwohnhof, Bonn, Projekt
	- Haus an der Rigalschen Wiese, Bonn, Projekt
	- Stadtwerder, Bremen, Wettbewerb
2004–2009	- Prager Höfe, Bonn
2005–2009	- Nordhof, Bonn, Projekt
2008–2009	- Haus Sternenburgstrasse, Bonn, Projekt
2010	- La bonne ville, Bonn, Wettbewerb
	- Nuovo parco urbano per Catania, Workshop, in Zusammenarbeit mit M. Mannino und C. Moccia
2011	- Heilig Geist, Bonn, Wettbewerb
	- Olga-Areal und Umgebung, Stuttgart, Wettbewerb
	- Haus am Steg, Bonn, Projekt
2012	- Haus Hildebrandt-Besgen, Bonn, Projekt
	- Piazzale Santa Croce, Parma, Workshop
	- via sacra Köln, Sieben Stationen in den Räumen der Stadt, Köln, Workshop, in Zusammenarbeit mit C. Moccia
	- Juweliergeschäft, Stuttgart, Projekt
	- Bet- und Lehrhaus Petriplatz, Berlin, Wettbewerb
2007–2012	- Haus im Erlengrund, Sankt Augustin/Bonn
2013	- Museum der Bayerischen Geschichte, Regensburg, Wettbewerb
	- Freilichtmuseum Glentleiten, Wettbewerb
	- Haus Lessingstrasse, Bonn, Projekt
	- Nuovo parco sul Mare di Monopoli, Workshop
	- Höfe am Kaffeeberg, Ludwigsburg, Wettbewerb
	- Nuovo Campo dei Mercati di Padova, Workshop
2012–2013	- Schmuckmanufaktur, Pforzheim, Projekt
2012–2013	- Haus Kuczynski, Weitersburg, Projekt
2009–2014	- ROM.HOF, Bonn
2013–2014	- Deutscher Pavillon, Venedig, Projekt
2013–	- Haus Vogt-Wendtland, Bonn, Projekt
2013–2014	- Haus Clement (1992–1994) – Polychromie 2013/14, Bonn
2013–2014	- Deutsche Botschaft, Kanzlei und Residenz, Kairo, Wettbewerb
2014–2015	- Göttinger Sieben, Göttingen, Wettbewerb
2009–2015	- Galerie- und Atelierhaus, Bonn
2015	- Bauhaus Museum, Dessau, Wettbewerb
	- Haus am Dellenweg, Bad Honnef, Projekt
	- Grundschule am Toft, Süderbrarup, Wettbewerb
	- Rosa-Luxemburg-Stiftung, Berlin, Wettbewerb
	- Museum des 20. Jahrhunderts, Berlin, Wettbwerb
2016	- Residenz des ägyptischen Botschafters, Berlin, Projekt
	- Deutsche Botschaft, Kanzlei und Residenz, Wien, Wettbewerb

MitarbeiterInnen seit 1994 /
Collaborators since 1994

- Feyyaz Berber, Benjamin Berbig, Christof Berkenhoff, Matteo Casola, Stefan Dahlmann, Josephine von Hasselbach, Julia Hemmerling, Matthias Hiby, Karoline Kley, Georgios Kordelas, Katharina Kroth, Till Robin Kurz, Christoph Lajendäcker, Kwangjin Lee, Stephanie Kasparek, Nina Mampel, Paolo Mara, Giovanna Moccia, Helga Müller, Olga Rausch, Kerstin Rothmann, Christoph Rütter, Stefanie Schmand, Christopher Schriner, Rainer Schützeichel, Elisa Segata, Gerd Sieren, Luca Sirdone, Timo Steinmann, Matthias Storch, Jakob Träger, Oliver Wenz, Christa Wigger, Ilaria Maria Zedda

Uwe Schröder

1964	- geboren in Bonn
1985 – 1986	- Ausbildung zum Bauzeichner
1986 – 1992	- Studium der Architektur an der Rheinisch-Westfälischen Technischen Hochschule Aachen, Mitarbeit im Architekturbüro Prof. O. M. Ungers in Köln, Frankfurt und Berlin (1988 – 1990), 4. Hamburger Bauforum bei Prof. J. P. Kleihues (1990), Sommerakademie bei Prof. W. A. Noebel (1990), Gaststudium an der Kunstakademie Düsseldorf bei Prof. O. M. Ungers (1991 – 1992)
1992	- Diplom bei Prof. W. Döring, Aachen
1992 – 1995	- Aufbaustudium Baukunst an der Kunstakademie Düsseldorf
1993	- Gründung des eigenen Architekturbüros in Bonn
1995	- Meisterschüler bei Prof. L. Ortner, Kunstakademie Düsseldorf
2000 – 2002	- Lehrauftrag im Fach Grundlagen des Entwerfens an der Fachhochschule Bochum
2003 – 2004	- Vertretungsprofessur für Entwerfen und Architekturtheorie an der Fachhochschule Köln
2004 – 2008	- Annahme des Rufes auf die Professur für Entwerfen und Architekturtheorie an der Fakultät Architektur der Fachhochschule Köln
2006	- Studienaufenthalt in Italien, Olevano Romano, Casa Baldi, Stipendium der Deutschen Akademie Rom
2008 –	- Annahme des Rufes an das Lehr- und Forschungsgebiet Raumgestaltung der Fakultät für Architektur an der Rheinisch-Westfälischen Technischen Hochschule Aachen
2009 – 2010	- Gastprofessur an der Università di Bologna, Facoltà di Architettura «Aldo Rossi», Italien
2016	- Gastprofessur an der Università degli Studi di Napoli «Federico II», Dipartimento di Architettura, Italien
	- Gastprofessur am Politecnico di Bari, Dipartimento di Scienze dell'Ingegneria Civile e dell'Architettura (dicar), Italien

1964	- Born in Bonn
1985 – 1986	- Training as an architectural draughtsman
1986 – 1992	- Studies in architecture at the RWTH Aachen University, work in the architectural practice of Prof. O. M. Ungers in Cologne, Frankfurt and Berlin (1988 – 1990), 4th Hamburg Bauforum with Prof. J. P. Kleihues (1990), summer academy with Prof. W. A. Noebel (1990), guest studies at the Düsseldorf Art Academy with Prof. O. M. Ungers (1991 – 1992)
1992	- Diploma under Prof. W. Döring, Aachen
1992 – 1995	- Postgraduate studies in architecture at Düsseldorf Art Academy
1993	- Founded independent architectural office in Bonn
1995	- Master scholar with Prof. L. Ortner, Düsseldorf Art Academy
2000 – 2002	- Lecturer in the Fundamentals of Design at the Bochum University of Applied Sciences
2003 – 2004	- Visiting Professor of Design and Architectural Theory at the Cologne University of Applied Sciences
2004 – 2008	- Appointed Professor of Design and Architectural Theory at the Cologne University of Applied Sciences
2006	- Study trip to Italy, Olevano Romano, Casa Baldi; scholarship from the Deutsche Akademie Rome
2008 –	- Appointed Lecturer and researcher, Spatial Design, Department of Architecture, RWTH Aachen University
2009 – 2010	- Guest Professor at the Università di Bologna, Facoltà di Architettura «Aldo Rossi», Italy
2016	- Guest Professor at the Università degli Studi di Napoli «Federico II», Dipartimento di Architettura, Italy
	- Guest Professor at the Politecnico di Bari, Dipartimento di Scienze dell'Ingegneria Civile e dell'Architettura (dicar), Italy

Auszeichnungen / Awards	1998	- Auszeichnung guter Bauten, BDA Bund Deutscher Architekten Bonn-Rhein-Sieg: Anerkennung für Haus Blömer-Feldmann, Bonn
	2001	- Auszeichnung guter Bauten, BDA Bund Deutscher Architekten Bonn-Rhein-Sieg: Anerkennung für Städt. Wohngebäude, Bonn
	2002	- Bundesdeutscher Architekturpreis Putz: 1. Preis für Haus am Cöllenhof, Bonn
		- Architekturpreis Zukunft Wohnen: 1. Preis für Haus am Cöllenhof, Bonn
		- Badenia-Wohnvorsorge Innovationspreis: Besondere Anerkennung in der Kategorie «Nachhaltigkeit im Neubau – Mehrfamilienhäuser und Geschossbauten» für Haus am Cöllenhof, Bonn
	2004	- Auszeichnung guter Bauten, BDA Bund Deutscher Architekten Bonn-Rhein-Sieg: Auszeichnung für Wohnhöfe Auerberg, Bonn
		- Auszeichnung guter Bauten, BDA Bund Deutscher Architekten Bonn-Rhein-Sieg: Auszeichnung für Haus am Cöllenhof, Bonn
		- Deutscher Kritikerpreis in der Kategorie Architektur
		- Bundesdeutscher Architekturpreis Putz: Anerkennung für Wohnhöfe Auerberg, Bonn
	2005	- Deutscher Holzbaupreis in der Kategorie Holzbau-Architektur: Lobende Erwähnung für Wohnhöfe Auerberg, Bonn
	2006	- Stipendium der Deutschen Akademie Rom Villa Massimo, Studienaufenthalt Casa Baldi, Olevano Romano
	2007	- Auszeichnung guter Bauten, BDA Bund Deutscher Architekten Bonn-Rhein-Sieg: Auszeichnung für Haus auf der Hostert, Bonn
	2008	- Architekturpreis der Reiners Stiftung: 1. Preis für Haus auf der Hostert, Bonn
	2010	- Auszeichnung guter Bauten, BDA Bund Deutscher Architekten Bonn-Rhein-Sieg: Auszeichnung für Haus Hundertacht, Bonn
	2011	- Architekturpreis Nordrhein-Westfalen, BDA Bund Deutscher Architekten Bonn-Rhein-Sieg: Auszeichnung für Haus Hundertacht, Bonn
		- Architekturpreis der Reiners Stiftung: 2. Preis für Haus im Erlengrund, Sankt Augustin/Bonn
	2014	- Fritz-Höger-Preis für Backstein-Architektur: Special mention in der Kategorie Wohnungsbau, Geschosswohnungsbau für ROM.HOF, Bonn
		- Auszeichnung guter Bauten, BDA Bund Deutscher Architekten Bonn-Rhein-Sieg: Auszeichnung für Haus im Erlengrund, Sankt Augustin/Bonn

Ausstellungen / Exhibitions	2000	- Innerer Aussenraum. Bauten und Entwürfe von Uwe Schröder, Architektursalon im Bonner Kunstverein (IV), 1. März – 23. April 2000, Bonner Kunstverein, Bonn
	2005	- RaumTheorie-TheorieRaum, plan 05. Forum aktueller Architektur in Köln, 23. September – 30. September 2005, Ausstellung von Studienarbeiten, St. Clara Keller, Köln
	2006	- TheorieRaumObjekt, plan 06. Forum aktueller Architektur in Köln, 22. September – 29. September 2006, Ausstellung von Studienarbeiten, Galerie Schüppenhauer, Köln
		- Drei Räume. Bauten und Entwürfe für ein Wohnen in der Stadt von Uwe Schröder, 17. August – 29. September 2006, Gesellschaft für Kunst und Gestaltung e.V., Bonn
		- Non c'è due senza tre. Uwe Schröder, 30. November 2006 – 12. Januar 2007, Deutsche Akademie Rom, Villa Massimo, Rom
	2007	- Uwe Schröder. Bauwerk, 3. Mai – 2. Juni 2007, Architektur Galerie Berlin, Berlin
		- RaumGeschichte-RaumTheorie-RaumEntwurf, plan 07. Forum aktueller Architektur in Köln, 21. September – 28. September 2007, Ausstellung von Studienarbeiten, Museum für angewandte Kunst (MAK), Köln
		- Der architektonische Raum I–VI, 29. September – 14. Oktober 2007, Ausstellung von Studienarbeiten, Museum für angewandte Kunst (MAK), Köln

	2008	- RaumTheorie – RaumPraxis, plan 08. Forum aktueller Architektur in Köln, 19. September – 26. September 2008, begleitend zum Kölner Kongress Idee der Stadt. Konzepte einer rationalistischen Architektur, 25. September – 26. September 2008, Ausstellung von Studienarbeiten, Fachhochschule Köln, Fakultät für Architektur, Köln
	2009	- Stadtwohnen: Hospiz – Köln, Severinsviertel, plan 09. Forum aktueller Architektur in Köln, 25. September – 2. Oktober 2009, Ausstellung von Studienarbeiten, Bürgerhaus Stollwerk, Köln
	2010	- Uwe Schröder. Architettura degli spazi, 28. September – 17. Oktober 2010, Chiesa dello Spirito Santo, Cesena
	2011	- Uwe Schröder. Sugli spazi della città, 10. September – 1. Oktober 2011, Palazzo della Gran Guardia, Padua
	2012	- La città: forma e spazio. Architetture in Italia e Germania, 14. Januar – 4. Februar 2012, Palazzo della Gran Guardia, Padua
	2008 – 2015	- Dortmunder Architekturausstellung No. 9, Stadtbaukunst: Der Eingang, 6. Mai 2008, Museum am Ostwall, Dortmund; Dortmunder Architekturausstellung No. 12, Stadtbaukunst: Die Fassade, 12. November 2010, Dortmunder U, Zentrum für Kunst und Kreativität, Dortmund; Dortmunder Architekturausstellung No. 13, Stadtbaukunst: Ornament und Detail, 18. November 2011, LWL-Industriemuseum Zeche Zollern, Dortmund; Dortmunder Architekturausstellung No. 14, Stadtbaukunst: Der städtische Hof, 16. November 2012, LWL-Industriemuseum Zeche Zollern, Dortmund; Dortmunder Architekturausstellung No. 15, Stadtbaukunst: Das Sockelgeschoss, 22. November 2013, LWL-Industriemuseum Zeche Zollern, Dortmund; Dortmunder Architekturausstellung No. 16, Stadtbaukunst: Der Stein in der Fassade, 28. November 2014, Stadtkirche St. Petri, Dortmund; Dortmunder Architekturausstellung No. 17, Stadtbaukunst: Balkon – Erker – Loggia, 20. November 2015, LWL-Industriemuseum Zeche Zollern, Dortmund
	2014 – 2015	- this is modern. Deutsche Werkbund Ausstellung Venedig 2014, 8. Juni – 1. August 2014, Ausstellungsbeteiligung, Palazzo Ca' Tron, Venedig; this is modern, 24. September – 24. Oktober 2014, USM Deutschland, Bühl/Baden; this is modern. Der Deutsche Pavillon in Venedig, 3. November – 14. November 2014, Akademie der Wissenschaften und der Künste, Düsseldorf; this is modern. deutsche werkbund ausstellung, 21. November 2014 – 1. Januar 2015, ait-architektursalon, Hamburg; this is modern. deutsche werkbund ausstellung, 9. Mai – 22. Mai 2015, mawa design, Michendorf; this is modern. deutsche werkbund ausstellung venedig 2014, 18. Juni – 7. Juli 2015, Architekturmuseum der TU Berlin, Berlin
		- Räume der Stadt, 25. September 2014, Ausstellung von Studienarbeiten, Deutsches Architekturmuseum DAM in Frankfurt am Main; Räume der Stadt, 9. Dezember – 17. Dezember 2014, Foyer des Reiffmuseums, Fakultät Architektur, RWTH Aachen University, Aachen; Stadt der Räume. Modelle und interdisziplinäre Überlegungen zu den Räumen der Stadt, 30. Januar – 22. März 2015, Gesellschaft für Kunst und Gestaltung, Bonn
	2015	- Pardié. Konzept für eine Stadt nach dem Zeitregime der Moderne, 28. September – 9. Oktober 2015, Werkbund Galerie, Berlin

Bibliografie / Bibliography von / by Uwe Schröder	1997	- Uwe Schröder u. Manuel Franke, Haus Clement – Schäfer 650, Bonn 1997.
	1998	- Uwe Schröder, Haus Blömer-Feldmann, Bonn 1998.
Monografien, Herausgeber-schaften, Ausstellungskataloge / Monographs, editing and exhibition catalogues	2000	- Uwe Schröder, Innerer Aussenraum, Loseblattsammlung, Katalog zur Ausstellung: Innerer Aussenraum. Bauten und Entwürfe von Uwe Schröder; Architektursalon im Bonner Kunstverein (IV), 1. März – 23. April 2000, Bonner Kunstverein (Hrsg.), Bonn 2000, o.S.
	2002	- Uwe Schröder u. Detlef Beer, Haus am Cöllenhof – Cadmium Gelb; Denk, A. (Hrsg.), Bonn 2002.
	2005	- Uwe Schröder, Stadt und Haus als Orte des Lebens I–III, Bonn 2005.
		- Uwe Schröder (Hrsg.), RaumTheorie-TheorieRaum; Katalog zur Ausstellung: RaumTheorie-TheorieRaum, plan 05. Forum aktueller Architektur in Köln, 23. September – 30. September 2005, Ausstellung von Studienarbeiten, St. Clara Keller, Köln, in: MAT 1, Köln 2005.

2006	- Uwe Schröder, Drei Räume. Bauten und Entwürfe für ein Wohnen in der Stadt, Loseblattsammlung, Katalog zur Ausstellung: Drei Räume. Bauten und Entwürfe für ein Wohnen in der Stadt von Uwe Schröder, 17. August – 29. September 2006, Gesellschaft für Kunst und Gestaltung e.V. (Hrsg.), Bonn 2006.
	- Uwe Schröder (Hrsg.), Habitat Wien. Das freie Denken im Raum für ein Wohnen in der Stadt, Katalog zur Ausstellung: Wir müssen Wohnen lernen, plan 06. Forum aktueller Architektur in Köln, 22. September – 29. September 2006, Ausstellung von Studienarbeiten, Krypta St. Gertrud, Köln, in: MENT 1, Köln 2006.
	- Uwe Schröder (Hrsg.), TheorieRaumObjekt, Katalog zur Ausstellung: TheorieRaumObjekt, plan 06. Forum aktueller Architektur in Köln, 22. September – 29. September 2006, Ausstellung von Studienarbeiten, Galerie Schüppenhauer, Köln, in: MAT 2, Köln 2006.
	- Uwe Schröder, Non c'è due senza tre, Katalog zur Ausstellung: Non c'è due senza tre von Uwe Schröder, 30. November 2006 – 12. Januar 2007, Accademia Tedesca Roma Villa Massimo (Hrsg.), Roma 2006.
2007	- Uwe Schröder (Hrsg.), Der architektonische Raum I–VI, 3 Bde. im Schuber, Bd. 1: Der architektonische Raum I–II: RaumTheorie-TheorieRaum, in: MAT 1, (2005) 2. Aufl. 2007; Bd. 2: Der architektonische Raum III–IV: TheorieRaumObjekt, in: MAT 2 (2006), 2. Aufl. 2007; Bd. 3: Der architektonische Raum V–VI: RaumGeschichte-RaumTheorie-RaumEntwurf, in: MAT 3, Tübingen/Berlin 2007.
2008	- Uwe Schröder (Hrsg.), RaumTheorie – RaumPraxis; Postkartensammlung zur Ausstellung: RaumTheorie – RaumPraxis, plan 08. Forum aktueller Architektur in Köln, 19. September – 26. September, begleitend zum Kölner Kongress Idee der Stadt. Konzepte einer rationalistischen Architektur, 25. September – 26. September 2008, Ausstellung von Studienarbeiten, Fachhochschule Köln, Fakultät für Architektur, Köln 2008.
	- Uwe Schröder (Hrsg.), Sogliano – Progetti; Katalog zu den Austellungen: Sogliano – Progetti, 2. April – 20. April 2008, Ausstellung von Studienarbeiten, Chiesa St. Spirito, Cesena und Sogliano – Projekte, 19. September – 3. Oktober 2008, Fakultät für Architektur, Köln, in: MENT 2, Köln 2008.
2009	- Uwe Schröder, Die zwei Elemente der Raumgestaltung. Ausgewählte Schriften, Deutsch/Englisch, in: MaR 1, Tübingen/Berlin 2009.
	- Uwe Schröder (Hrsg.), Die Idee der Stadt / L'idea della città, Bde. I–III, Deutsch/Italienisch, Bd. I/III: Dokumente/Documenti (unter wiss. Mitarbeit v. Rainer Schützeichel), Bd. II/III: Dokumente/Documenti (DVD)(unter wiss. Mitarbeit v. Christopher Schriner), Bd. III/III Materialien/Materiali (unter wiss. Mitarbeit v. Stephanie Kasparek); Übersetz. i. d. Italienische v. Wolter, C. u. i. d. Deutsche v. Mohr, J., Tübingen/Berlin 2009.
2011	- Klaus Theo Brenner, Platz und Haus; Schröder, U. (Hrsg.) in: MaR 4, Tübingen/ Berlin 2011.
2012	- Uwe Schröder (Hrsg.), Bologna. Dokumente und Lektionen zur Raumentwurfslehre, in: MaR 3, Tübingen/Berlin 2012.
2013	- Uwe Schröder, Zimmer, Stuhl und Klinke. Haus auf der Hostert. Raumgestaltungen; Mit einem Essay von Jan Pieper, Berlin 2013.
2014	- Uwe Schröder u. Andreas Denk (Hrsg.), Stadt der Räume. Interdisziplinäre Überlegungen zu Räumen der Stadt, in: MaR 5, Tübingen/Berlin 2014.
2015	- Uwe Schröder. u. Gisela Clement (Hrsg.), Detlef Beer. Bild Farbe Raum, Köln 2015.
	- Uwe Schröder u. Klaus Theo Brenner (Hrsg.), Strada Nuova. Typologische Studien zur Architektur der Stadt Genua, in: MsA 1, Tübingen/Berlin 2015.
	- Antonio Monestiroli, Metope und Triglyphe. Neun Vorlesungen über Architektur; Schröder, U. u. Tognon, A. (Hrsg.) in: MsA 2, Tübingen/Berlin 2015.
	- Uwe Schröder, Pardié. Konzept für eine Stadt nach dem Zeitregime der Moderne; Schröder, U., Storch, M., Rausch, O., Ring, J., Wigger, C. (Hrsg.), Lehr- und Forschungsgebiet Raumgestaltung, Deutsch/Englisch, Übersetz. i. d. Englische v. Pepper, I., Köln 2015.
	- Uwe Schröder, I due elementi dell'edificazione dello spazio; Schröder, S. (Hrsg.); Übersetzung i. d. Italienische v. Calefato, V. u. Tuccio, S., in: AIÓN Edizioni: Theoria 2, Firenze 2015.

Aufsätze / Essays	1998	- Uwe Schröder, Haus Clement in Bonn, in: DAB 7: Von aussen betrachtet, Juli 1998, S. 907–909.

Aufsätze / Essays

1998
- Uwe Schröder, Haus Clement in Bonn, in: DAB 7: Von aussen betrachtet, Juli 1998, S. 907–909.

1999
- Uwe Schröder et al., Ohne Theorie-Bildung? Ein Gespräch zwischen Uwe Schröder et al. und Andreas Denk, in: der architekt 12: Ohne Theorie-Bildung?, Dezember 1999, S. 17–49.

2000
- Uwe Schröder, Verlust des Raumes, in: der architekt 1: Verlust des Raumes, Januar 2000, S. 19–21.
- Uwe Schröder, Innerer Aussenraum, in: Ders., Innerer Aussenraum, Loseblattsammlung; Bonner Kunstverein (Hrsg.), Bonn 2000, o.S.

2001
- Uwe Schröder, Zweck und Form, in: der architekt 12: Zweck und Form, Dezember 2001, S. 15–18.

2002
- Uwe Schröder, Versuch. Qualität in der Architektur, in: der architekt 1/2: Qualität der Architektur, Januar/Februar 2002, S. 33f.
- Uwe Schröder u. Andreas Denk, Architektur der Lebensnähe. 16 Thesen zu Stadt und Bau, in: der architekt 9: Architektur der Lebensnähe, September 2002, S. 15–47.

2003
- Uwe Schröder, kloss is more, in: der architekt 1/2: «Wer aber will sagen, was Schönheit sei?», Februar 2003, S. 11.
- Uwe Schröder, Zwischen Himmel und Erde, in: Ders.; Denk, A.; Ditscheid, D., Herbergen der Moderne (I: La Tourette). Beiträge zu einer mehrstimmigen Architekturkritik, in: der architekt 7/8: Raum und Leib, August 2003, S. 13.
- Uwe Schröder u. Andreas Denk, Sieben Atmosphären. Eine architektur-räumliche Gralssuche, in: der architekt, 11/12: Sieben Atmosphären. Eine architektur-räumliche Gralssuche, Dezember 2003, S. 11–45.

2004
- Uwe Schröder, Stadt und Haus als Orte des Lebens, in: der architekt 7/8: Eiermanns Freunde, September 2004, S. 16f.

2005
- Uwe Schröder u. Andreas Denk, Monolog eines Architekten. Stil unserer Zeit, in: der architekt 1/2: Stil Fragen, Februar 2005, S. 76f.
- Uwe Schröder, Der gewohnte Raum, in: Ders.; Denk, A.; Seidel, M., Herbergen der Moderne (II: Das Familistère in Guise). Beiträge zu einer mehrstimmigen Architekturkritik, in: der architekt 9/10: Wohnvisionen, November 2005, S. 24f.
- Uwe Schröder, Treibhaus, in: Baumeister 5/2005: Jugendstil, S. 22f.
- Uwe Schröder u. Andreas Denk, Vorraum, in: Schröder, U. (Hrsg.), RaumTheorie-TheorieRaum, in: MAT 1, Köln 2005, S. 11–13.
- Uwe Schröder u. Andreas Denk, Stil unserer Zeit, in: Schröder, U. (Hrsg.), RaumTheorie-TheorieRaum, in: MAT 1, Köln 2005, S. 14–17.
- Uwe Schröder, Treibhaus, in: Ders. (Hrsg.), RaumTheorie-TheorieRaum, in: MAT 1, Köln 2005, S. 18–20.
- Uwe Schröder, Lehrraum, in: Ders. (Hrsg.), RaumTheorie-TheorieRaum, in: MAT 1, Köln 2005, S. 21f.

2006
- Uwe Schröder, Das Gewand der Stadt, in: Ders. (Hrsg.), Habitat Wien. Das freie Denken im Raum für ein Wohnen in der Stadt, in: MENT 1, Köln 2006, S. 6–11.
- Uwe Schröder, Habitat Wien. Das freie Denken im Raum für ein Wohnen in der Stadt, in: Ders. (Hrsg.), Habitat Wien. Das freie Denken im Raum für ein Wohnen in der Stadt, in: MENT 1, Köln 2006, S. 12–17.
- Uwe Schröder, Vorraum: Die Krise des architektonischen Raumes und die Räumlichkeit der Stadt, in: Ders. (Hrsg.), TheorieRaumObjekt, in: MAT 2, Köln 2006, S. 9–13.
- Uwe Schröder, Der unsichtbare Kern. Skizze zu einer architektonischen Raumtypologie der Stadt, in: Ders. (Hrsg.), TheorieRaumObjekt, in: MAT 2, Köln 2006, S. 14–17.
- Uwe Schröder, Lehrraum, in: Ders. (Hrsg.), TheorieRaumObjekt, in: MAT 2, Köln 2006, S. 25–27.
- Uwe Schröder, Drei Räume einer Architektur der Stadt in: Ders., Drei Räume. Bauten und Entwürfe für ein Wohnen in der Stadt, Loseblattsammlung, Gesellschaft für Kunst und Gestaltung e.V. (Hrsg.), Bonn 2006, o.S.

2006	- Uwe Schröder, Tre spazi di una architettura della città, in: Ders., Non c'è due senza tre, Accademia Tedesca Roma Villa Massimo (Hrsg.), Roma 2006, o.S.
	- Uwe Schröder, Die Idee der reinen Form. Eine Anmerkung zum Werk des Architekten Oswald Mathias Ungers, in: der architekt 5/6: Der unsichtbare Kern, August/September 2006, S. 11.
	- Uwe Schröder, Der unsichtbare Kern. Skizze zu einer Raumtypologie der Stadt, in: der architekt 5/6: Der unsichtbare Kern, August/September 2006, S. 30–33.
	- Uwe Schröder, Drei Räume, in: der architekt 5/6: Der unsichtbare Kern, August/September 2006, S. 58–61.
	- Uwe Schröder, Die Idee der reinen Form. Eine Anmerkung zum Werk des Architekten Oswald Mathias Ungers, in: archEtrans, Werkheft 08: Oswald Mathias Ungers zum 80. Geburtstag, Karlsruhe 2006, S. 43–45.
2007	- Uwe Schröder, Die Krise des architektonischen Raumes und die Räumlichkeit der Stadt, in: plan 06. wohnen 3: Dokumentation/Forum aktueller Architektur in Köln, 22.–29.09.2006, Keitz, v., K. u. Voggenreiter, S. (Hrsg.), Köln 2007, S. 86–89.
	- Uwe Schröder, Habitat Wien. Das freie Denken für ein Wohnen in der Stadt, in: plan 06. wohnen 3: Dokumentation/Forum aktueller Architektur in Köln, 22.–29.09.2006, Keitz v., Kay u. Voggenreiter, Sabine (Hrsg.), Köln 2007, S. 90–93.
	- Uwe Schröder, Tre spazi di una architettura della città, in: AIÓN 14: Abitare. Lo spazio dell'existenza, September 2007, S. 90–93.
	- Uwe Schröder, Gedächtnis der Architektur. Ein Nachruf zum Tode des Architekten Oswald Mathias Ungers, in: der architekt 5: Realität des Imaginären, November 2007, S. 14f.
	- Uwe Schröder u. Andreas Denk, Vorraum, in: Der architektonische Raum I–VI, 3 Bde. im Schuber, Bd. 1: Der architektonische Raum I–II: RaumTheorie-TheorieRaum, in: MAT 1, (2005) 2. Aufl. 2007, S. 11–13.
	- Uwe Schröder u. Andreas Denk, Stil unserer Zeit, in: Schröder, Uwe (Hrsg.), Der architektonische Raum I–VI, 3 Bde. im Schuber, Bd. 1: Der architektonische Raum I–II: RaumTheorie-TheorieRaum, in: MAT 1, (2005) 2. Aufl. 2007, S. 14–17.
	- Uwe Schröder, Treibhaus, in: Ders. (Hrsg.), Der architektonische Raum I–VI, 3 Bde. im Schuber, Bd. 1: Der architektonische Raum I–II: RaumTheorie-TheorieRaum, in: MAT 1, (2005) 2. Aufl. 2007, S. 18–20.
	- Uwe Schröder, Lehrraum, in: Ders. (Hrsg.), Der architektonische Raum I–VI, 3 Bände im Schuber, Bd. 1: Der architektonische Raum I–II: RaumTheorie-TheorieRaum, in: MAT 1, (2005) 2. Aufl. 2007, S. 21f.
	- Uwe Schröder, Vorraum: Die Krise des architektonischen Raumes und die Räumlichkeit der Stadt, in: Ders. (Hrsg.), Der architektonische Raum I–VI, 3 Bde. im Schuber, Bd. 2: Der architektonische Raum I–IV: TheorieRaumObjekt, in: MAT 2 (2006), 2. Aufl. 2007, S. 9–13.
	- Uwe Schröder, Der unsichtbare Kern. Skizze zu einer architektonischen Raumtypologie der Stadt, in: in: Ders. (Hrsg.), Der architektonische Raum I–VI, 3 Bde. im Schuber, Bd. 2: Der architektonische Raum I–IV: TheorieRaumObjekt, in: MAT 2 (2006), 2. Aufl. 2007, S. 14–17.
	- Uwe Schröder, Lehrraum, in: Ders. (Hrsg.), Der architektonische Raum I–VI, 3 Bde. im Schuber, Bd. 2: Der architektonische Raum I–IV: TheorieRaumObjekt, in: MAT 2 (2006), 2. Aufl. 2007, S. 25–27.
	- Uwe Schröder, Vorraumgeschichte, in: Ders. (Hrsg.), Der architektonische Raum I–VI, 3 Bde. im Schuber, Bd. 3: Der architektonische Raum V–VI: RaumGeschichte-RaumTheorie-RaumEntwurf, in: MAT 3, Tübingen/Berlin 2007, S. 9–15.
	- Uwe Schröder, Drei Räume einer Architektur der Stadt, in: Ders. (Hrsg.), Der architektonische Raum I–VI, 3 Bde. im Schuber, Bd. 3: Der architektonische Raum V–VI: RaumGeschichte-RaumTheorie-RaumEntwurf, in: MAT 3, Tübingen/Berlin 2007, S. 16–21.
	- Uwe Schröder, Lehrraum. Das olevanische Konzept, in: Ders. (Hrsg.), Der architektonische Raum I–VI, 3 Bde. im Schuber, Bd. 3: Der architektonische Raum V–VI: RaumGeschichte-RaumTheorie-RaumEntwurf, in: MAT 3, Tübingen/Berlin 2007, S. 22–24.

2008
- Uwe Schröder, Fünfzehn Stücke Stadt, in: der architekt 3: Raumwende. Entwürfe einer räumlichen Architektur, Meisterklasse, Juni 2008, S. 10f.
- Uwe Schröder, Die eingeräumte Stadt, in: der architekt 3: Raumwende. Entwürfe einer räumlichen Architektur, Juni 2008, S. 20–23.
- Uwe Schröder, Raumlehre, in: der architekt 3: Raumwende. Entwürfe einer räumlichen Architektur, Juni 2008, S. 69–75.
- Uwe Schröder, Sogliano – Projekte / Sogliano Progetti, in: Ders. (Hrsg.), Sogliano – Progetti, in: MENT 2, Köln 2008, S. 14f.
- Uwe Schröder, Sempers Vermächtnis / L'eredità di Semper, in: Ders. (Hrsg.), Sogliano – Progetti, in: MENT 2, Köln 2008, S. 16–24.
- Uwe Schröder, Der Raum der Stadt / Lo spazio della città, in: Ders. (Hrsg.), Sogliano – Progetti, in: MENT 2, Köln 2008, S. 26f.
- Uwe Schröder, Das Tal der Einheit / La valle d'unione, in: Ders. (Hrsg.), Sogliano – Progetti, in: MENT 2, Köln 2008, S. 78f.
- Uwe Schröder, Über die Geschichte der Architektur. Versuch einer hegelianischen Transkription, in: der architekt 4: Amores Perros. Architektur und Identität (I): Mexico City, August 2008, S. 81f.

2009
- Uwe Schröder, Innerer Aussenraum, in: Ders., Die zwei Elemente der Raumgestaltung. Ausgewählte Schriften, Deutsch/Englisch, Übersetzung i. d. Englische v. Read, M., in: MaR 1, Tübingen/Berlin 2009, S. 11f.
- Uwe Schröder, Inner outer space, in: Ders., Die zwei Elemente der Raumgestaltung. Ausgewählte Schriften, Deutsch/Englisch, Übersetzung i. d. Englische v. Read, M., in: MaR 1, Tübingen/Berlin 2009, S. 13f.
- Uwe Schröder, Stadt und Haus als Orte des Lebens I–III, in: Ders., Die zwei Elemente der Raumgestaltung. Ausgewählte Schriften, Deutsch/Englisch, Übersetzung i. d. Englische v. Read, M., in: MaR 1, Tübingen/Berlin 2009, S. 15–22.
- Uwe Schröder, The city and the houses as places of living I–III, in: Ders., Die zwei Elemente der Raumgestaltung. Ausgewählte Schriften, Deutsch/Englisch, Übersetzung i. d. Englische v. Read, M., in: MaR 1, Tübingen/Berlin 2009, S. 23–29.
- Uwe Schröder, Zwischen Himmel und Erde, in: Ders., Die zwei Elemente der Raumgestaltung. Ausgewählte Schriften, Deutsch/Englisch, Übersetzung i. d. Englische v. Read, M., in: MaR 1, Tübingen/Berlin 2009, S. 30.
- Uwe Schröder, Between heaven and earth, in: Ders., Die zwei Elemente der Raumgestaltung. Ausgewählte Schriften, Deutsch/Englisch, Übersetzung i. d. Englische v. Read, M., in: MaR 1, Tübingen/Berlin 2009, S. 31.
- Uwe Schröder, Der gewohnte Raum, in: Ders., Die zwei Elemente der Raumgestaltung. Ausgewählte Schriften, Deutsch/Englisch, Übersetzung i. d. Englische v. Read, M., in: MaR 1, Tübingen/Berlin 2009, S. 32f.
- Uwe Schröder, The habitual space, in: Ders., Die zwei Elemente der Raumgestaltung. Ausgewählte Schriften, Deutsch/Englisch, Übersetzung i. d. Englische v. Read, M., in: MaR 1, Tübingen/Berlin 2009, S. 34f.
- Uwe Schröder, Der unsichtbare Kern, in: Ders., Die zwei Elemente der Raumgestaltung. Ausgewählte Schriften, Deutsch/Englisch, Übersetzung i. d. Englische v. Read, M., in: MaR 1, Tübingen/Berlin 2009, S. 36–39.
- Uwe Schröder, The invisible core, in: Ders., Die zwei Elemente der Raumgestaltung. Ausgewählte Schriften, Deutsch/Englisch, Übersetzung i. d. Englische v. Read, M., in: MaR 1, Tübingen/Berlin 2009, S. 40–43.
- Uwe Schröder, Drei Räume einer Architektur der Stadt, in: Ders., Die zwei Elemente der Raumgestaltung. Ausgewählte Schriften, Deutsch/Englisch i. d. Englische v. Read, M., in: MaR 1, Tübingen/Berlin 2009, S. 44–50.
- Uwe Schröder, Three spaces of an architecture of the city, in: Ders., Die zwei Elemente der Raumgestaltung. Ausgewählte Schriften, Deutsch/Englisch, Übersetzung i. d. Englische v. Read, M., in: MaR 1, Tübingen/Berlin 2009, S. 51–56.
- Uwe Schröder, Das Gewand der Stadt, in: Ders., Die zwei Elemente der Raumgestaltung. Ausgewählte Schriften, Deutsch/Englisch, Übersetzung i. d. Englische v. Read, M., in: MaR 1, Tübingen/Berlin 2009, S. 57–62.

2009   - Uwe Schröder, The raiment of the city, in: Ders., Die zwei Elemente der
            Raumgestaltung. Ausgewählte Schriften, Deutsch/Englisch, Übersetzung in das
            Englische v. Read, M., in: MaR 1, Tübingen/Berlin 2009, S. 63–68.
          - Uwe Schröder, Die eingeräumte Stadt, in: Ders., Die zwei Elemente der
            Raumgestaltung. Ausgewählte Schriften, Deutsch/Englisch, Übersetzung i. d.
            Englische v. Read, M., in: MaR 1, Tübingen/Berlin 2009, S. 69–74.
          - Uwe Schröder, The spatially arranged city, in: Ders., Die zwei Elemente der
            Raumgestaltung. Ausgewählte Schriften, Deutsch/Englisch, Übersetzung i. d.
            Englische v. Read, M., in: MaR 1, Tübingen/Berlin 2009, S. 75–79.
          - Uwe Schröder, Raumlehre, in: Ders., Die zwei Elemente der Raumgestaltung.
            Ausgewählte Schriften, Deutsch/Englisch, Übersetzung in das Englische v. Read, M.,
            in: MaR 1, Tübingen/Berlin 2009, S. 80–88.
          - Uwe Schröder, The study of space, in: Ders., Die zwei Elemente der Raumgestaltung.
            Ausgewählte Schriften, Deutsch/Englisch, Übersetzung in das Englische v. Read, M.,
            in: MaR 1, Tübingen/Berlin 2009, S. 89–96.
          - Uwe Schröder, Die zwei Elemente der Raumgestaltung, in: Ders., Die zwei Elemente
            der Raumgestaltung. Ausgewählte Schriften, Deutsch/Englisch, Übersetzung in das
            Englische v. Read, M., in: MaR 1, Tübingen/Berlin 2009, S. 97–104.
          - Uwe Schröder, The two elements of spatial creation, in: Ders., Die zwei Elemente
            der Raumgestaltung. Ausgewählte Schriften, Deutsch/Englisch, Übersetzung in das
            Englische v. Read, M., in: MaR 1, Tübingen/Berlin 2009, S. 105–111.
          - Uwe Schröder, Die zwei Elemente der Raumgestaltung / I due elementi della
            progettazione dello spazio, in: Ders. (Hrsg.), Die Idee der Stadt / L'idea della città, 3
            Bde., Deutsch/Italienisch, Bd. I/III: Dokumente/Documenti, Tübingen/Berlin 2009,
            S. 184–201.
2010   - Uwe Schröder, Drei Räume in der [einer] Architektur der Stadt, in: Brenner, K. T.
            (Hrsg.) Die Schöne Stadt, Handbuch zum Entwurf einer nachhaltigen Stadtarchitektur,
            Berlin 2010, S. 119–125.
          - Uwe Schröder, Corte, Strada e Piazza. Sugli spazi / Hof, Strasse und Platz. Über
            Räume: in: Quaderni di AIÓN: Nuova architettura razionale / Neue rationale
            Architektur, Firenze 2010, S. 138–149.
          - Uwe Schröder, La città come casa è la casa come città / Die häusliche Stadt und das
            städtische Haus, in: Malacarne, G. u. Tognon, A. (a cura di / Hrsg.), Uwe Schröder.
            Architettura degli spazi / Architektur der Räume, Bologna/Tübingen/Berlin 2010,
            S. 39–46.
          - Uwe Schröder, Tre spazi di una architettura della città / Drei Räume einer Architektur
            der Stadt, in: Malacarne, G. u. Tognon, A. (a cura di / Hrsg.), Uwe Schröder.
            Architettura degli spazi / Architektur der Räume, Bologna/Tübingen/Berlin 2010,
            S. 126–132.
          - Uwe Schröder, Insegnamento degli spazi / Raumlehre, in: Malacarne, G. u.
            Tognon, A. (a cura di / Hrsg.), Uwe Schröder. Architettura degli spazi / Architektur
            der Räume, Bologna/Tübingen/Berlin 2010, S. 133–141.
          - Uwe Schröder, I due elementi della formazione degli spazi / Die zwei Elemente der
            Raumgestaltung, in: Malacarne, G. u. Tognon, A. (a cura di / Hrsg.), Uwe Schröder.
            Architettura degli spazi / Architektur der Räume, Bologna/Tübingen/Berlin 2010,
            S. 142–149.
2011   - Uwe Schröder u. Andreas Denk, Entwerfen lehren, Entwerfen lernen, in: der
            architekt 6: Entwerfen lehren, Entwerfen lernen. Positionen zum Kern der
            Architektenausbildung, Dezember 2011, S. 19.
          - Uwe Schröder, Andreas Denk, Nikolaus Bienefeld, Der ewige Zweifel. Ein Gespräch
            über das Entwerfen zwischen Uwe Schröder, Nikolaus Bienefeld mit Andreas Denk,
            in: der architekt 6: Entwerfen lehren, Entwerfen lernen. Positionen zum Kern der
            Architektenausbildung, Dezember 2011, S. 20–29.
          - Uwe Schröder, Raumentwurfslehre, in: der architekt 6: Entwerfen lehren,
            Entwerfen lernen. Positionen zum Kern der Architektenausbildung, Dezember 2011,
            S. 48–53.

2011	- Uwe Schröder, Horror vacui, in: Simioni, C. u. Tognon, A. (Hrsg.), Uwe Schröder – Sugli spazi della città; Katalog zur Ausstellung: Uwe Schröder. Architettura degli spazi, 10. September – 1. Oktober 2011, Palazzo della Gran Guardia, Padua, Padova 2011, S. 13–15.
	- Uwe Schröder, Spazialità della città. Saggio sulla mappatura degli spazi della città: in: Amistadi, L. u. Prandi, E. (Hrsg.), European City Architecture. Project Structure Image, Parma 2011, S. 80–85.
	- Uwe Schröder, Marco Mannino, Carlo Moccia, Nuovo parco urbano per Catania, in: Giusti, V. et al. (Hrsg.), Intersections – Dalla metro alla metropoli, sette occasioni per fare città, Siracusa 2011, S. 70–75.
2012	- Uwe Schröder, Über Räume, in: Simioni, C.; Tognon, A. u. Toscano, E. (Hrsg.), Architetture razionali. Per un metodo condiviso / Rationale Architekturen. Für eine verbindliche Methode; Veröffentlichung anlässlich des Symposiums: La città: forma e spazio. Architetture in Italia e Germania, 14. Januar 2012 und der Ausstellung: Nuova architettura razionale, 14. Januar – 4. Februar 2012, Palazzo della Gran Guardia, Padova, Bd. I, Firenze 2012, Kap. 11 auf DVD u. 3 beilieg. Tfn.
	- Uwe Schröder, Spazi della città. Per un riorientamento in architettura / Räume der Stadt. Zur Neuorientierung in der Architektur, in: Simioni, C.; Tognon, A. u. Toscano, E. (Hrsg.), Architetture razionali. Per un metodo condiviso / Rationale Architekturen. Für eine verbindliche Methode, 2 Bde.; Veröffentlichung anlässlich des Symposiums: La città: forma e spazio. Architetture in Italia e Germania, 14. Januar 2012 und der Ausstellung: Nuova architettura razionale, 14. Januar – 4. Februar 2012, Palazzo della Gran Guardia, Padova, Bd. II: Scritti teorici / Theoretische Schriften, Firenze 2012, S. 89–97.
	- Uwe Schröder u. Andreas Denk, Idee der Stadt. Interdisziplinäre Überlegungen zum urbanen Raum, in: der architekt 2: Idee der Stadt. Interdisziplinäre Überlegungen zum urbanen Raum, April 2012, S. 14f.
	- Uwe Schröder, Horror vacui. Über die Räume der Stadt, in: der architekt 2: Idee der Stadt. Interdisziplinäre Überlegungen zum urbanen Raum, April 2012, S. 56–59.
	- Uwe Schröder, L'ordine della città moderna, in: Monestiroli, T.; Simioni, C., et al. (a cura di / Hrsg.), Antonio Monestiroli. Prototipi di architettura, Padova 2012, S. 11–13, 117–119.
	- Uwe Schröder, Raumentwurflehre / Teoria della formazione dello spazio, in: Ders. (Hrsg.), Bologna. Dokumente und Lektionen zur Raumentwurfslehre., in: MaR 3, Tübingen/Berlin 2012, S. 16–25.
	- Uwe Schröder, Fundamente der Architektur. Leon Battista Alberti: De Re Aedificatoria (1443–1452). Gottfried Semper: Der Stil in den technischen und tektonischen Künsten (1860), in: der architekt 6: Die Macht der Bücher. Lektüren zur Architektur, Dezember 2012, S. 26–28.
	- Uwe Schröder, The Spaces oft the City. Toward a Reorientation of Architecture, in: Amistadi, L. u. Prandi, E. (Hrsg.), Compact City Architecture, historical city centre design in Europe – IP Erasmus Catalogue, Parma 2012, S. 25f. [Project: Piazzale Santa Croce, Parma, S. 80ff.]
	- Uwe Schröder, Raumwerk, in: Friedrichs, B. u. G. (Hrsg.), Uwe Schröder. Raumwerk. Haus auf der Hostert. I–III Deskriptionen, Berlin 2012, S. 28f.
2013	- Uwe Schröder, Spazi urbani. Verso un nuovo orientamento nell'architettura, in: Malcovati, S.; Visconti, F.; Bedrone, R.; Caja, M.; Capozzi, R.; Fusco, G. (Hrsg.), Architettura e realismo. Riflessioni sulla costruzione architettonica della realità, Segrate (Milano) 2013, S. 350ff.
	- Uwe Schröder, Piazzale Santa Croce, in: Serie A – Jahresberichte der Fakultät für Architektur, RWTH Aachen 2012/3, Aachen 2013, S. 220f.
	- Uwe Schröder u. Carlo Moccia, Hundert Jahre Via Sacra, Köln 1959 – 2050. Ein II. Vorentwurf, in: Serie A – Jahresberichte der Fakultät für Architektur, RWTH Aachen 2012/3, Aachen 2013, S. 216f.
	- Uwe Schröder, Hofarchitektur, in: Dortmunder Architekturheft 25: Stadtbaukunst: Der städtische Hof, Köln 2013, S. 12–23.
	- Uwe Schröder, «…der Malerei des Teppichs eingedenk». Wandmaske und Raumbekleidung, in: der architekt 5: Farbe bekennen. Elemente der Architektur II, Oktober 2013, S. 54–59.

2013	- Uwe Schröder, L'insegnamento della progettazione degli spazi. La ricerca dell'essenza architettonica, in: Architettura Civile 7/8, 2013, S. 9f.
2014	- Uwe Schröder, Die Moderne ist Geschichte, in: Kromrei, C. (Hrsg.), This is modern. Deutsche Werkbund Ausstellung Venedig 2014, Berlin 2014, S. 240–253.
	- Uwe Schröder, Modernism is History, in: Kromrei, C. (Hrsg.), This is modern. German Werkbund Exhibition Venice 2014, Berlin 2014, S. 240–253.
	- Uwe Schröder, Nuovo Campo dei Mercati di Padova, in: Simioni, C.; Tognon, A. (Hrsg.), Progetti di riqualificazione urbana per la città Padova, Firenze 2014, S. 78–85.
	- Uwe Schröder, Horror vacui. Über die Räume der Stadt, in: Ders. u. Denk, A. (Hrsg.), Stadt der Räume. Interdisziplinäre Überlegungen zu Räumen der Stadt, in: MaR 5, Frankfurt a. M., Tübingen/Berlin 2014, S. 121–126.
	- Uwe Schröder, Stadt als Wohnung. Zum Verhältnis von Wohnung, Haus und Stadt, in: der architekt 6: Wohnen. Ein Grundbedürfnis, Dezember 2014, S. 50–55.
	- Uwe Schröder, Nuovo Parco sul Mare di Monopoli, in: Serie A – Jahresberichte der Fakultät für Architektur, RWTH Aachen 2013/4, Zürich 2014, S. 222–225.
	- Uwe Schröder, Nuovo campo dei mercati di Padova, in: Serie A – Jahresberichte der Fakultät für Architektur, RWTH Aachen 2013/4, Zürich 2014, S. 228f.
2015	- Uwe Schröder, Bild Farbe Raum. Überlegungen des Kurators, in: Ders. u. Clement, G. (Hrsg.), Detlef Beer. Bild Farbe Raum, Köln 2015, S. 12–19.
	- Uwe Schröder, ROM.HOF, Patio Residencial de Estudiantes, in: DPA 8: Equilbro Racional, Juni 2015, S. 26–47.
	- Uwe Schröder, Der vierte Raum, in: Ders. u. Brenner, K. T. (Hrsg.), Strada Nuova. Typologische Studien zur Architektur der Stadt Genua, in: MsA 1, Tübingen/Berlin 2015, S. 8–12.
	- Uwe Schröder, Die Modernität der Moderne. Anmerkungen zum Werk des Architekten Antonio Monestiroli, in: Monestiroli, A., Metope und Triglyphe. Neun Vorlesungen über Architektur; Schröder, U. u. Tognon, A. (Hrsg.), in: MaR 2, Tübingen/Berlin 2015, S. 11–15.
	- Uwe Schröder u. Andreas Denk, Romantische Wissenschaft. Ein Gespräch über die Zukunft der Architektur, in: der architekt 6: Eine romantische Wissenschaft. Thesen zum Wesen der Architektur, November 2015, S. 22–29.
	- Uwe Schröder, Warme und kalte Räume. Versuch über eine Kartierung phänomenaler Räume der Stadt, in: der architekt 6: Eine romantische Wissenschaft. Thesen zum Wesen der Architektur, November 2015, S. 60–66.
	- Uwe Schröder, Spazio esterno interno, in: Ders., I due elementi dell'edificazione dello spazio; Schröder, S. (Hrsg.), Firenze 2015, S. 17–20.
	- Uwe Schröder, Città e casa come luoghi di vita I–III, in: Ders., I due elementi dell'edificazione dello spazio; Schröder, S. (Hrsg.), Firenze 2015, S. 21–33.
	- Uwe Schröder, Tra cielo e terra, in: Ders., I due elementi dell'edificazione dello spazio; Schröder, S. (Hrsg.), Firenze 2015, S. 35–37.
	- Uwe Schröder, Lo spazio abituale, in: Ders., I due elementi dell'edificazione dello spazio; Schröder, S. (Hrsg.), Firenze 2015, S. 39–43.
	- Uwe Schröder, Il nucleo invisibile, in: Ders., I due elementi dell'edificazione dello spazio; Schröder, S. (Hrsg.), Firenze 2015, S. 45–52.
	- Uwe Schröder, Tre spazi di un'architettura della città, in: Ders., I due elementi dell'edificazione dello spazio; Schröder, S. (Hrsg.), Firenze 2015, S. 53–63.
	- Uwe Schröder, L'abito della città, in: Ders., I due elementi dell'edificazione dello spazio; Schröder, S. (Hrsg.), Firenze 2015, S. 65–75.
	- Uwe Schröder, La città spazializzata, in: Ders., I due elementi dell'edificazione dello spazio; Schröder, S. (Hrsg.), Firenze 2015, S. 77–86.
	- Uwe Schröder, Insegnamento dello spazio, in: Ders., I due elementi dell'edificazione dello spazio; Schröder, S. (Hrsg.), Firenze 2015, S. 87–100.
	- Uwe Schröder, I due elementi dell'edificazione dello spazio, in: Ders., I due elementi dell'edificazione dello spazio; Schröder, S. (Hrsg.), Firenze 2015, S. 101–112.
	- Uwe Schröder, Pabellón Alemán. Venice 2014. Modernidad es historia / German Pavilion. Venice 2014. Modernity is history, in: DPA 10: Responsabilidad, Oktober 2015, S. 46–59.

Bibliografie / Bibliography über / about Uwe Schröder	2007	- Ulrich Müller (Hrsg.), Uwe Schröder. Bauwerk. Haus auf der Hostert I–III Materialien, Katalog zur Ausstellung: Bauwerk, 4. Mai – 2. Juni 2007, Architektur Galerie Berlin, Berlin 2007.
Monografien und Ausstellungs-kataloge / Monographs and exhibition catalogues	2009	- Gisela Clement (Hrsg.), Räumen. Uwe Schröder. Werner Haypeter. Lutz Fritsch, Bonn 2009.
	2010	- Gino Malacarne, Alessandro Tognon (a cura di / Hrsg.), Uwe Schröder. Architettura degli spazi / Uwe Schröder. Architektur der Räume; Deutsch/Italienisch, Übersetz. i.d. Italienische Wolter, Ch. u. i. d. Deutsche Kristen, F., Bologna/Tübingen/Berlin 2010.
	2011	- Cinzia Simioni, Alessandro Tognon (Hrsg.), Uwe Schröder. Sugli spazi della città, in: Progetti di Architettura 3, Padova 2011.
	2012	- Bruni u. Günther Friedrichs (Hrsg.), Uwe Schröder. Raumwerk. Haus auf der Hostert I–III Deskriptionen, Berlin 2012.
Aufsätze, Artikel / Essays, Articles	1997	- Andreas Denk, Ingeborg Flagge (Hrsg.), Architekturführer Bonn, Berlin 1997, S. 50, Nr. 46: Haus Clement.
	1998	- Bund Deutscher Architekten BDA Bonn-Rhein-Sieg (Hrsg.), Haus Blömer-Feldmann, in: Wettbewerb: Auszeichnung guter Bauten 1998, Bonn 1998, S. 42f.
		- O.A., Generaldirektion Deutsche Post AG, Bonn, in: wettbewerbe aktuell 9/1998, S. 58f.
		- O.A., Haus Clement, in: Einfamilienhäuser. Die 175 besten Architekten, Extraheft, in: Architektur & Wohnen 5: Landhäuser in Neu-England, Oktober/November 1998.
	1999	- Karl Josef Bollenbeck, Pfarrkirche St. Theodor in Köln-Vingst. 162 Entwürfe. Ein Wettbewerb, in: Architektur-Forum Rheinland 1, Wuppertal 1999, S. 141.
	2000	- Andreas Denk, Chaos und Sterne, in: Schröder, U., Innerer Aussenraum, Loseblattsammlung; Bonner Kunstverein (Hrsg.), Bonn 2000, o.S.
		- Ursula Kleefisch-Jobst, Brasilia in der ifa-Galerie, in: Bauwelt 13/2000, S. 4
		- Andreas Denk, Experiment und Manifest, in: Das Architekten-Magazin 7–8/2000: Lückenfüller: Haus in der Bonner Nordstadt, S. 12–16.
	2001	- Bund Deutscher Architekten BDA Bonn-Rhein-Sieg (Hrsg.), Auszeichnung guter Bauten 2001, Bonn 2001, S. 26f. [Städt. Wohngebäude]
		- Ingeborg Flagge, Haus Blömer-Feldmann, in: Dies. (Hrsg.), Gothaer Architekturführer Bonn, Bonn 2001, S. 36.
		- Michael Brüggemann, Zwischenräume, in: DBZ 10: Mehrfamilienhäuser, Oktober 2001, S. 44–49. [Städt. Wohngebäude]
	2002	- Walter Meyer-Bohe, Städtisches Wohngebäude in Bonn, in: Ders., Atlas. Gebäudegrundrisse, Bd. 1: Wohnen und soziale Einrichtungen, Stuttgart, 2002, S. 52. [Städt. Wohngebäude]
		- Klaus Dieter Weiss, Kleine Welten / Little worlds, in: architektur.aktuell 10: Next, Oktober 2002, S. 84–95. [Haus am Cöllenhof]
		- Klaus Dieter Weiss, Neu in … Bonn, in: bauzeitung 11/2002, S. 14. [Haus am Cöllenhof]
		- Johann Eisele et al., Haus am Cöllenhof in Bonn Endenich. Uwe Schröder, in: Aus der Tradition in die Zukunft. Der 2. Bundesdeutsche Architekturpreis Putz, in: AIT 4: Svftl., Leinfelden-Echterdingen 2002, S. 16–23.
		- Paul Dolt, Die kleine Stadt, in: Ausbau + Fassade 11, November 2002, S. 26–28. [Haus am Cöllenhof]
		- Klaus Dieter Weiss, Haus am Cöllenhof, in: db 11: Kleine Welten, November 2002, S. 14.
	2003	- Olaf Winkler, Respektvolle Prototypen, in: Häuser 1: Unser erstes Haus, Januar 2003, S. 90.
		- Ulrich Brinkmann, Rheinburg, in: Bauwelt 5: «Besondere Wohngebäude», Januar 2003, S. 14–17.
		- Adolfo F. L. Baratta, Edificio rezidenziale a Bonn, in: Costruire in Laterzio 7–8: Germania, Juli/August 2003, S. 42–45. [Städt. Wohngebäude]
		- Jörg M. Fehlhaber, Konsequent. Wohngebäude in Bonn, in: BETON PRISMA. Beiträge zur modernen Architektur 82: Architekturpreis Zukunft Wohnen 2002, Oktober 2003, S. 17–20. [Haus am Cöllenhof]
		- Klaus Dieter Weiss, Häuser-Haus / Housing-House, in: architektur.aktuell 12: Urban fabric, Dezember 2003, S. 90–97. [Wohnhöfe Auerberg]

2004	- Klaus Theo Brenner et al., Wohnhöfe Auerberg in Bonn, in: ark 4/2004, S. 32f.
	- Manuel Franke, Brauner Zwerg, Heidelberg 2004, S. 84f. u. S. 92f. [Dokumentation der Kunstprojekte zu Haus Clement und Wohnhöfe Auerberg]
	- Klaus Dieter Weiss, Wohnhöfe Auerberg in Bonn. Uwe Schröder, in: Baumeister 4: Meister/Schüler, April 2004, S. 60–65.
	- Bund Deutscher Architekten Bonn-Rhein-Sieg (Hrsg.), Auszeichnung guter Bauten 2004, Bonn 2004, S. 10f. u. S. 14f. [Haus am Cöllenhof, Wohnhöfe am Auerberg]
	- Andreas Denk, Ad fontes, in: der Architekt 3/4: Was ist heute «modern»?, April 2004, S. 60–63.
	- O.A., Dokumentation: Haus am Cöllenhof in Bonn-Endenich, in: Detail Jahrbuch 2004: Bauten + Produkte, München 2004, S. 18–21.
	- Alexander Reichel, Anette Hochberg, Christine Köpke, Ausgeführte Putzbauten, in: DETAIL Praxis: Putze. Farben. Beschichtungen, München 2004, S. 84f. [Wohnhöfe Auerberg]
	- Bund Deutscher Architekten BDA Landesverband NRW (Hrsg.), in: Baukultur in NRW 2005, Köln 2005, S. 40f. u. S. 42f. [Haus am Cöllenhof, Wohnhöfe Auerberg]
	- Klaus Theo Brenner et al., Wohnhöfe Auerberg in Bonn. USARCH – Uwe Schröder Architekt, in: Aus der Tradition in die Zukunft. Der 3. Bundesdeutsche Architekturpreis Putz, in: AIT 5: Svftl., Leinfelden-Echterdingen 2004, S. 48–51. [Wohnhöfe Auerberg]
	- Angelo Lorenzi, Astrazione e classicità. Un edificio residenziale a Bonn di Uwe Schröder, in: AIÓN 7: Tradizione, September 2004, S. 64–77. [Städt. Wohngebäude]
	- Alexander Reichel, Anette Hochberg, Christine Köpke, Examples of plastering and rendering in use. Residential complex in Bonn. Uwe Schröder, Bonn, in: DETAIL Practice: Plaster, Render, Paint and Coatings, Basel/Boston/Berlin 2004, S. 84f. [Wohnhöfe Auerberg]
2005	- Anna Maritano, Lo spazio della casa e lo spazio della città. Imago mundi. Forma urbana e ricerca tipologica nell'opera di Uwe Schröder, in: AIÓN 9: Tipo, Mai/August 2005, S. 70–85. [Haus am Cöllenhof, Wohnhöfe Auerberg]
2006	- Bund Deutscher Zimmermeister (Hrsg.), Wohnhöfe Auerberg in Bonn, in: Ders., Mit Holz bauen. BDZ Jahrbuch 2006. Innovationen – Trends – Projekte, München 2006, S. 34f.
	- Andreas Denk, Das Ornament der Stadt, in: Schröder, U., Drei Räume. Bauten und Entwürfe für ein Wohnen in der Stadt, Loseblattsammlung; Gesellschaft für Kunst und Gestaltung e.V. (Hrsg.), Bonn 2006, o.S.
	- Katharina Heider, Wohnhöfe Auerberg, Bonn, in: Doppelhäuser und Reihenhäuser. Aktuelle Beispiele zeitgenössischer Architektur, München 2006, S. 100–103.
	- Uta Winterhager, Uwe Schröder – Drei Räume, in: Bauwelt 35/2006, S. 4.
	- Andreas Denk, Rainer Schützeichel, Wohnhöfe Auerberg. Uwe Schröder, in: Keitz, v., K. u. Voggenreiter, S. (Hrsg.), Das andere Wohnen, Erich Schneider Wessling und die nächste Generation; Katalog zur Ausstellung: Das andere Wohnen, plan 06. Forum aktueller Architektur in Köln, 22. September – 29. September 2006, S. 7.
2007	- Holger Rescher, Durch das Tor der Stadt, in: Deutsches Architektenblatt 1: Kinder, Januar 2007, S. 18.
	- Hans Weidinger, Haus am Cöllenhof und Wohnhöfe Auerberg, Bonn, in: Ders., Atriumhäuser Hofhäuser. Neue Beispiele, München 2007, S. 32–35 u. S. 134ff.
	- Bund Deutscher Architekten BDA Bonn-Rhein-Sieg (Hrsg.), Auszeichnung guter Bauten 2007, Bonn 2007, S. 10f. [Haus auf der Hostert]
	- Klaus Dieter Weiss, Raum-Kunst-Werk/Space-art-work. Villa eines Kunstsammlers am Rheinufer in Bonn, in: architektur.aktuell 5/2007, S. 62–71. [Haus auf der Hostert]
	- Angelo Lorenzi, La misura della casa e la misura della città. La casa, la città, il trattato, in: AIÓN 14: Abitare. Lo spazio dell'existenza, April 2007, S. 72–89. [Haus auf der Hostert]
	- Ansgar Steinhausen, Ist die Antike unsere Moderne?, in: Häuser 6: Traditionell bauen, 2007, S. 30–36. [Haus auf der Hostert]
	- Klaus Dieter Weiss, Typensprache des Wohnens. Häuser von Uwe Schröder, in: werk, bauen+wohnen 10: Für die Jugend, Oktober 2007, S. 20–27. [Haus Hundertacht, Haus auf der Hostert, Wohnhöfe Auerberg, Haus am Cöllenhof]
	- Georg Ebbing, Stadt im Haus. Haus Hundertacht in Bonn. Uwe Schröder, in: Baumeister 11: Ziegelarchitektur, November 2007, S. 78–85.

2008	- O.A., Boxing clever. Uwe Schröder's Hundertacht house in Bonn, in: Architecture Today 185: Februar 2008, S. 70f.

2008
- O.A., Boxing clever. Uwe Schröder's Hundertacht house in Bonn, in: Architecture Today 185: Februar 2008, S. 70f.
- Klaus Dieter Weiss, Haus Hundertacht: Terrassenturm mit Klinkerbasis / Haus Hundertacht: Terrace tower built from clinker, in: Wienerberger Ziegelindustrie (Hrsg.), Brick'08. Die beste Ziegelarchitektur / The very best brick architecture: Brick award 2008, München 2008, S. 116–121.
- Holger Reiners, Ein spektakulär klassisches Architekturerlebnis – Ergebnis: Ein Gesamtkunstwerk. Preisträger: Uwe Schröder, Bonn, in: Ders., Spektakuläre Häuser. 33 ausgezeichnete Bauten, München 2008, S. 8–15. [Haus auf der Hostert]
- Ansgar Steinhausen, Die Kunst der edlen Einfachheit. Uwe Schröder. Villa am Rheinufer in Bonn, in: Ders., Die neue Villa. Häuser ohne Limit, München 2008, S. 150–155. [Haus auf der Hostert]
- Luca M. F. Fabris, Uwe Schröder. Simmetria cittadina, in: Costruire 306, November 2008, S. 62. [Haus Hundertacht]
- Ansgar Steinhausen, Uwe Schröder, Bonn, in: Häuser Special: Die 100 besten Einfamilienhaus-Architekten. Deutschland, Österreich, Schweiz, 2008, S. 11. [Haus Clement, Haus Blömer-Feldmann, Haus am Cöllenhof]

2009
- Andreas Denk, r1 + r2 + r3 = r3 – Zur Architektur und Kunst der Prager Höfe / r1 + r2 + r3 = r3 – The architecture and art of the Prager Höfe, in: Clement, G. (Hrsg.), Räumen. Uwe Schröder. Werner Haypeter. Lutz Fritsch, Bonn 2009, S. 6–13.
- Rainer Schützeichel, Die Stadt und das Haus / The city and the house, in: Clement, G. (Hrsg.), Räumen. Uwe Schröder. Werner Haypeter. Lutz Fritsch, Bonn 2009, S. 15–22.
- Dirk Meyhöfer, Hundertacht house, in: Ders., Set in stone. Rethinking a timeless material, 2009, S. 124–127.
- Gerwin Zohlen, Uwe Schröder Bauwerk, in: Müller, U. (Hrsg.), Architektur Galerie Berlin. Einführungen 2006–2009, Tübingen Berlin, 2009, S. 104–110.
- Andreas Denk, Gestalt und Symbol. Uwe Schröder: Prager Höfe, Bonn-Auerberg, 2006–2009, in: der architekt 5: Leitbilder für ein neues Leben. Identitätskonstruktionen I, Oktober 2009, S. 14f.
- Wolfgang Brune, Zur Idee des Interieurs, in: Hausladen, G. u. Tichelmann, K. (Hrsg.), Ausbau Atlas. Integrale Planung. Innenausbau. Haustechnik, Basel/Boston/Berlin 2009, S. 10–29, s. bes. S. 25f. u. Abb. 20 a + b. [Haus auf der Hostert]

2010
- Bund Deutscher Architekten BDA Bonn-Rhein-Sieg (Hrsg.), Auszeichnung guter Bauten 2010, Bonn 2010, S. 8f. [Haus Hundertacht]
- Klaus Dieter Weiss, Stadtwerk. Apartmenthäuser Prager Höfe in Bonn-Auerberg. Uwe Schröder, in: Baumeister 11: Wohnstadt – Zwischen Monument und Ensemble, November 2010, S. 48–55.
- Hans Schmalscheidt, I + I = I. Teile und Ganzes. Beispiele und Prinzipien für anpassbaren Wohnungsbau, Berlin 2010, S. 139f. [Städt. Wohngebäude]
- Landesbetrieb Wald und Holz NRW (Hrsg.), Mehr Wohnwert mit Holz, in: Ders., Holz für nachhaltiges Bauen und Modernisieren. Informationen für Architekten, Planer Projektentwickler und Bauentscheidungsträger, o.J., S. 6f. [Wohnhöfe Auerberg]
- Gino Malacarne, Il canone del razionalismo / Der Kanon des Rationalismus, in: Malacarne, Gino; Tognon, Alessandro (a cura di / Hrsg.), Uwe Schröder. Architettura degli spazi / Uwe Schröder. Architektur der Räume, Bologna/Tübingen/Berlin, 2010, S. 8–13.
- Massimo Fagioli, Il processo e la legge: su Uwe Schröder teorico e architetto / Prozess und Gesetz: Über den Theoretiker und Architekten Uwe Schröder, in: Malacarne, G.; Tognon, A. (a cura di / Hrsg.), Uwe Schröder. Architettura degli spazi / Uwe Schröder. Architektur der Räume, Bologna/Tübingen/Berlin 2010, S. 14–21.
- Alessandro Tognon, La costruzione di uno spazio sociale / Die Konstruktion eines sozialen Raumes, in: Malacarne, G.; Tognon, A. (a cura di / Hrsg.), Uwe Schröder. Architettura degli spazi / Uwe Schröder. Architektur der Räume, Bologna/Tübingen/Berlin 2010, S. 23–27.

2010	- Rainer Schützeichel, La teoria come fondamento del progetto architettonico / Die Theorie als Fundament des architektonischen Entwurfs, in: Malacarne, G.; Tognon, A. (a cura di / Hrsg.), Uwe Schröder. Architettura degli spazi / Uwe Schröder. Architektur der Räume, Bologna/Tübingen/Berlin 2010, S. 29–37.
2011	- Holger Reiners, Die Villa als biographisches Bekenntnis, in: Ders., Das Landhaus. 33 ausgezeichnete Villen, Sommerhäuser und Refugien, München 2011, S. 34–39. [Haus im Erlengrund]
	- O.A., Haus im Erlengrund. Entwurf nach familiären Wohnbedürfnissen, in: Stylus 1/2011, S. 66f.
	- Wolfgang Bachmann, Gerhard Matzig, Häuser des Jahres. Die besten Einfamilienhäuser, München 2011, S. 214f. [Haus im Erlengrund]
	- Alessandro Tognon, Città fatte di case, in: Simioni, C. u. Ders. (Hrsg.), Uwe Schröder. Sugli spazi della città, in: Progetti di Architettura 3, Padova 2011, S. 7–9.
	- Antonio Monestiroli, Il razionalismo come metodo, in: Simioni, C. u. Tognon, A. (Hrsg.), Uwe Schröder. Sugli spazi della città, in: Progetti di Architettura 3, Padova 2011, S. 19–21.
	- Federico Bucci, Una spazialità interiore, in: Simioni, C. u. Tognon, A. (Hrsg.), Uwe Schröder. Sugli spazi della città, in: Progetti di Architettura 3, Padova 2011, S. 27–29.
	- Andreas Denk, Lo spazio come organo. Riflessioni su una concezione «anacronistica» dell'architettura, in: Simioni, C. u. Tognon, A. (Hrsg.), Uwe Schröder. Sugli spazi della città, in: Progetti di Architettura 3, Padova 2011, S. 33–39.
	- Cinzia Simioni, Un'educata radicalità, in: Dies. u. Tognon, A. (Hrsg.), Uwe Schröder. Sugli spazi della città, in: Progetti di Architettura 3, Padova 2011, S. 43–45.
2012	- O.A., Facetten des Backsteinbaus, Haus Hundertacht. Uwe Schröder, in: Das Backstein-Magazin 1: Die besten Einfamilienhäuser aus Backstein, 2012, S. 44.
	- Bund Deutscher Architekten Nordrhein-Westfalen (Hrsg.), Baukultur in NRW 2012. Architekturpreis Nordrhein-Westfalen, Köln 2012, S. 19 u. S. 50f. [Haus Hundertacht]
	- Angelo Lorenzi, La misura dello spazio. La casa e le sue figure, in: AIÓN 19: Civitas, 2012, S. 114–131. [Prager Höfe]
	- Bruni u. Günther Friedrichs, Dialog zwischen Kunst und Architektur, in: Dies. (Hrsg.), Uwe Schröder. Raumwerk. Haus auf der Hostert I–III Deskriptionen, Berlin 2012, S. 10f.
	- Erwin Bechtold, Ein Maler, ein Architekt und Thomas Bernhard, in: Friedrichs, B. u. G. (Hrsg.), Uwe Schröder. Raumwerk. Haus auf der Hostert I–III Deskriptionen, Berlin 2012, S. 12f.
	- Andreas Denk, Jenseits der Schwelle, in: Friedrichs, B. u. G. (Hrsg.), Uwe Schröder. Raumwerk. Haus auf der Hostert I–III Deskriptionen, Berlin 2012, S. 14f.
	- Michael Mönninger, Kritik der reinen Bauvernunft, in: Friedrichs, B. u. G. (Hrsg.), Uwe Schröder. Raumwerk. Haus auf der Hostert I–III Deskriptionen, Berlin 2012, S. 22f.
	- Stefan Müller, Nahe Ferne, in: Friedrichs, B. u. G. (Hrsg.), Uwe Schröder. Raumwerk. Haus auf der Hostert I–III Deskriptionen, Berlin 2012, S. 24f.
	- Jan Pieper, Konstruierte Formen, gewachsene Materialien, in: Friedrichs, B. u. G. (Hrsg.), Uwe Schröder. Raumwerk. Haus auf der Hostert I–III Deskriptionen, Berlin 2012, S. 26f.
	- Liliane u. Vincent Moissonnier, Ein Gesamtkunstwerk in sensibler Unerbittlichkeit, in: Friedrichs, B. u. G. (Hrsg.), Uwe Schröder. Raumwerk. Haus auf der Hostert I–III Deskriptionen, Berlin 2012, S. 20f.
	- Klaus Dieter Weiss, Haus wie Stadt, in: Friedrichs, B. u. G. (Hrsg.), Uwe Schröder. Raumwerk. Haus auf der Hostert I–III Deskriptionen, Berlin 2012, S. 30f.
	- Gerwin Zohlen, Hausbau und dergleichen, in: Friedrichs, B. u. G. (Hrsg.), Uwe Schröder. Raumwerk. Haus auf der Hostert I–III Deskriptionen, Berlin 2012, S. 32f.
	- Wolfgang Bachmann und Arno Lederer (Hrsg.), Einfamilienhäuser. Das ultimative Planungshandbuch, München 2012, S. 194f. [Haus Hundertacht]
	- Stefan Krämer u. Philip Kurz (Hrsg.), Haus Hundertacht, in: Dies., Neues Wohnen in der Stadt, Ludwigsburg/Stuttgart/Zürich 2012, S. 204f.
2013	- Gesellschaft für Kunst und Gestaltung e.V. (Hrsg.), Ausstellung «Drei Räume», 30 Jahre gkg Bonn, Bonn 2013, S. 45.

2013	- Bund Deutscher Architekten (Hrsg.), Nike BDA-Architekturpreis 2013, Berlin 2013, S. 66. [Haus Hundertacht]
	- Gregor Hohberg und Roland Stollte (Hrsg.), Bet- und Lehrhaus Berlin. Entwürfe für einen Sakralbau von morgen, Berlin 2013, S. 192f.
2014	- Holger Reiners, Die Villa: Funktionalität, Perfektion und Eleganz – ein Bekenntnis, in: Ders. (Hrsg.), Die Villa heute – Baukultur und Lebensart. 25 ausgezeichnete Beispiele, München 2014, S. 222–229. [Haus Hundertacht]
	- Andreas Denk, Ein Traum vom Leben. Uwe Schröder: Studentenwohnheim ROM.HOF in Bonn 2009–2014, in: der architekt 5: Alles heisse Luft? Dichtung und Lüftung, Atmung und Leib, Oktober 2014, S. 10f.
	- Javier Cenicacelaya, Viviendas en patio. Auerberg, Bonn, Alemania, DPA 6: Recordando a Bramante, Juni 2014, S. 52–65.
	- Uta Winterhager, Kochen, waschen, spielen und studieren, in: Bauwelt 37: Gangbarer Konservatismus?, Oktober 2014, S. 28–33.
	- David Phillips u. Magumi Yamashita, Hundertacht House. Uwe Schröder Architekt, Germany, in: Detail in contemporary residential architecture 2, London 2014, S. 120–123.
2015	- Javier Cenicacelaya, Haus Hundertacht Bonn, Alemania – Uwe Schröder. Arquitecto, in: DPA 9: Equilibrio con el medio, 2015, S. 44–57
	- Holger Reiners, Die Kunst der Farbgebung für einen Architekturklassiker. Uwe Schröder, Bonn, in: Holger Reiners, 25 Elegante Wohnhäuser, München 2015, 188–197. [Haus Clement]
	- Valentin Ladstaetter, Sublimes Stadthaus, in: 100 deutsche Häuser 16: 100 der besten Architekturbüros, 2015, S. 51. [Haus Hundertacht]
	- Federica Visconti, Construir para el habitar colectivo. La ROM.HOF de Uwe Schröder en Bonn, in: A&P 3, Dezember 2015, S. 38–55.
	- Carlo Moccia, Come radure nei boschi, in: Schröder, U., I due elementi dell'edificazione dello spazio; Schröder, S. (Hrsg.), Firenze 2015, S. 9–13.

Danksagung: Diese Veröffentlichung ist mit freundlicher Unterstützung durch fsb – Franz Schneider Brakel GmbH + Co. KG, Brakel; KERAMAG Keramische Werke GmbH, Ratingen; und MIWO Gesellschaft mbH & Co. KG, Bonn, ermöglicht worden.

Credits: This publication was made possible through the kind support by fsb – Franz Schneider Brakel GmbH + Co. KG, Brakel; KERAMAG Keramische Werke GmbH, Ratingen; and MIWO Gesellschaft mbH & Co. KG, Bonn.

Quart Verlag Luzern / Quart Publishers Lucerne

De aedibus international
11 Uwe Schröder (de/en)
10 Stephen Taylor Architects (de/en)
 9 Titus Bernhard Architekten (de/en)
 8 Dietrich|Untertrifaller (de/en)
 7 Geurst & Schulze Architecten (de/en)
 6 Wingender Hovenier Architecten (de/en)
 5 Tony Fretton Architects (de/en)
 4 Jonathan Woolf Architects (de/en)
 3 Hufnagel Pütz Rafaelian (de/en)
 2 Hild und K (de/en)
 1 Stanton Williams (de/en)

Monografien/Monographs
Graber & Steiger. Bauten und Projekte 1995–2015 (de)
Vincent Mangeat. Logos & Faber (de/en/fr)
Sergison Bates architects (de und en)
Peter Kunz. Bauten (de/en)
Miroslav Šik. Architektur 1988–2012 (de/en)
Valerio Olgiati (de und en)
Burkard Meyer. Konkret/Concrete (de/en)
Gion A. Caminada. Cul zuffel e l'aura dado (de/en)
Bearth & Deplazes. Konstrukte/Constructs (de/en; vergriffen / out of print)

Quart Verlag GmbH, Heinz Wirz; Verlag für Architektur und Kunst
Denkmalstrasse 2, CH-6006 Luzern; books@quart.ch, www.quart.ch